本輯出版得到西南大學出土文獻綜合研究中心資助
本輯屬西南大學創新團隊項目（SWU1509395）成果

簡帛語言文字研究

第八輯

張顯成　胡波　主編

巴蜀書社

饒宗頤先生題詞：

勾沉探賾

辛巳選堂

李學勤先生題詞：

揆之文義而安，求之古訓而合，采漢唐宋諸儒之所長，而化其鑿空之病與拘牽之習，蓋非冒前人之說而不之用，乃師前人之說而善用之者也。

右錄 王念孫經傳釋詞序語，藉賀

《簡帛語言文字研究》創刊

李學勤

二〇〇一年八月

目　録

讀清華簡第五冊札記

王凱博*

摘 要：本文對《清華大學藏戰國楚竹書（五）》的一些字詞釋讀、訓釋提出了商榷意見，認為《湯處於湯丘》簡5的"逄"是觸犯之意，《命訓》簡15"服而不釮"的"釮"當讀為"戴"，悅戴之意，《厚父》簡8"作辟事三后"的"作"讀為"胥"，輔相之意，與"辟"、"事"為三字同義並列，《厚父》簡9"天命不可漗"的"漗"說法眾多，筆者讀為"總"，束、制之意，《厚父》簡5"𤔔下民之慝"的"𤔔"當釋讀為"伺"，訓察，《孟子》引《書》"四方有罪無罪，惟我在"的"在"，舊注有誤，此"在"也是察的意思，在此基礎之上，認為《孟子》"有罪無罪惟我在"就當是簡文"亂下民之慝"流傳之變。

關鍵詞：《清華大學藏戰國楚竹書（五）》；字詞；釋讀

* 王凱博，吉林大學古籍研究所、出土文獻與中國古代文明研究協同創新中心博士生 長春 130012。

2015年4月，《清華大學藏戰國竹書》第五冊整理報告出版，該冊收錄了六篇竹書文獻，内容非常重要，整理者已作了相當精審的釋文與注釋，但仍有一些字詞的釋讀或可商榷，筆者在學習過程中有若干想法，以下分條陳述。

一、逢

《湯處於湯丘》簡5："歸必夜，適逢道路之祟。""祟"原作"袜"，整理者讀"祟"，訓作禍咎之徵，又引《説文》："祟，神禍也。"是以"祟"當抽象的禍咎講。按，"道路之祟"應該是指道路上具體的鬼怪物類。"適"，整理者無注，曹方向先生訓為若，表假設、如果[①]。其説可從。"逢"，整理者亦無注，推想或是以逢遇之逢解之。

按，簡文"逢"當為觸犯之意。《左傳》宣公三年："昔夏之方有德也，遠方圖物，貢金九牧，鑄鼎象物，百物而為之備，使民知神姦。故民入川澤林，不逢不若；魑魅罔兩，莫能逢之。"此兩"逢"字，蔣禮鴻《義府續貂》"坌冒"條云："逢非逢遇之逢，謂民識神姦，知所違避而不觸犯之，故魑魅罔兩亦莫能犯之也。元魏時詩《李小波妹歌》曰：'李波小妹字雍容，搴裙逐馬如卷蓬，左射右射必疊雙。婦女尚如此，男子安

① "魚游春水"（曹方向先生網名）在"清華五《湯處於湯丘》初讀"網帖下第15樓評論，武漢大學簡帛網，2015年4月11日。

可逢?'此以小妹之善馳射極狀李氏男子之豪横；安可逢者，言其不可犯也。"[①] 簡文"道路之祟"，即相當於此"魑魅罔兩"。簡文是說：湯每天都很晚歸來，如果觸犯到了道路之鬼祟則如何如何。

二、鈦

《命訓》簡14–15："以賞從勞，勞而不至，以$_{14}$□□服，服而不鈦$_{15}$。"今本"勞而不至"之後有脱文，不見跟"以罰□□，服而不鈦"相對應的話。"以□□服"，簡15上端有缺，導致"服"上兩字不存。據上下文，整理者將此兩缺字擬補為"罰從"："以賞從勞，勞而不至，以［罰從］服，服而不鈦。"應該可信。關於"鈦"字，整理者"疑讀為'恥'"，其意等於《論語·為政》"民免而無恥"之"恥"[②]。

按，"鈦"讀為"恥"，通假上缺乏實例，文意也不通達。筆者認為"鈦"當讀為"戴"。郭店簡《尊德義》簡25"非禮而民悅忕，此小人矣；非倫而民服，世此亂矣"，其中"忕"字陳偉先生讀作"戴"[③]，即其通假例證。《國語·晉語三》："民

① 蔣禮鴻《義府續貂》，中華書局，1981年，頁14。

② 清華大學出土文獻研究與保護中心編、李學勤主編《清華大學藏戰國竹簡（五）》，中西書局，2014年，頁132。

③ 陳偉《郭店簡書〈尊德義〉校釋》，《中國哲學史》2001年第3期，頁116。

實戴之。”韋昭注：“戴，欣戴也。”簡文“以罰從服，服而不戴”，句謂：用刑法去畏服人民，民懾於嚴刑，表面服從而心實不悅戴之。

三、作

《厚父》簡8：“廼虔秉氒（厥）悳（德），作（作）辟事三后。”整理者認為：“作”是虛詞，訓則，即《書·酒誥》“作稽中德”之“作”，“辟事”見於“𢦏鼎”（《集成》二八二四）“唯厥使乃子𢦏萬年辟事天子”，是侍奉的意思①。

按，“辟事”解釋為侍奉，正確可從。“辟事”還見於師酉鼎“辟事我一人”②，具體地講，“辟”、“事”乃同義連用③。“作”，整理者讀為“作”實可商。筆者認為，“作”當讀作“胥”。清華簡“乍”聲之字讀為“胥”，其實例已有兩見：《芮良夫毖》簡14“以力及复，燮仇啟國”、《說命下》簡3“复余一人”。此二“复”字鄔可晶先生皆讀為“胥”，在《芮良夫毖》中“胥”意為才智，在《說命下》“胥”意為輔相④。其說可信，請參看。《厚父》“作”與“辟事”相連，“作”讀作

① 《清華大學藏戰國竹簡（五）》，頁114。

② 朱鳳瀚《師酉鼎與師酉簋》，《中國歷史文物》2004年第1期。

③ 參看謝明文《金文札記二則》，《古漢語研究》2010年第3期，頁22。

④ 鄔可晶《讀清華簡〈芮良夫毖〉札記三則》，《古文字研究》第三十輯，中華書局，2014年，頁411–412。

“胥”，則“胥辟事”三字平列，都是服事、侍奉、輔助的意思。

四、湖

《厚父》簡9：“厚父曰：‘嗚呼，天子！天命不可湖斯，民心難測。’”“斯”，整理者原屬下讀“斯民心難測”，馬楠改屬上讀，正確①。關於“湖”，整理者謂：“此字右邊形體近‘𢘅’，可以隸定作‘湖’，讀為‘撞’，指衝撞。也可能是‘法’的訛字，‘法’常讀為‘廢’。《書·大誥》：‘予惟小子不敢替上帝命’，孔傳：‘不敢廢天命。’一說下句‘斯’從上讀，為句末語氣詞。”②

上錄整理者之說不為人所信，其他說法有：馬楠先生讀“聰”，訓聞、察，句謂天命不可知曉察覺，與《詩》、《書》言天命不誠的說法相會③；劉雲懷疑“湖”是“酗”的異體，“𢘅”與“凶”語音密切，“酒”、“水”同類，“天命不可酗（沉迷）”與“天難忱斯”、“天生烝民，其命匪諶”、“天棐忱辭”等可合觀；④ 網友“奈我何”將“”跟《祭公之顧命》

① 馬楠《清華簡第五冊補釋六則》，《出土文獻》第六輯，中西書局，2015年，頁225。

② 《清華大學藏戰國楚竹書（五）》，頁114。

③ 《清華簡第五冊補釋六則》，頁225-226。

④ “苦行僧”（劉雲先生網名）在“清华五《厚父》初读”網帖下第1樓評論，武漢大學簡帛網，2015年4月9日。

簡15“沁”視為一字，“沁”讀為“忱”，“天命不可沁（忱）斯”等於說“天難忱斯”，即天命難測、不可信任，與“民心難測”對文①。

按，“潓”原字形作“”，很清晰，隸釋作“潓”沒有問題。“天命不可潓斯，民心難測”，“民心難測”說民心反復易變，著重以變勸導天子，言“天命”亦當類是。先秦有天命無常、易變的觀念，如“惟命不于常”（《書·康誥》）、“天命反側，何罰何佑”（《楚辭·天問》）等。南宋陳亮有一封奏疏，對我們理解“天命不可潓斯”頗有助，選錄於下：

> 臣竊惟中國，天地之正氣也，天命所鍾也，人心之所會也，衣冠禮樂之所萃也，百代帝王之所以相承也。……雖天命人心猶有所繫，然豈以是為可久安而無事也！……天地之正氣鬱遏於腥羶而久不得騁，必將有所發泄，而天命人心，固非偏方之所可久係也。……（略）以為天命人心可以安坐而久繫也。“皇天無親，惟德是輔；民心無常，惟惠之懷”。自三代聖人皆知其為甚可畏也。②

據此，筆者認為“潓”當讀作“總”，束、繫、制、率之意③。“天命不可總”，謂天命不可控繫、牽制，言外即說天命易變。

---

① “奈我何”在“清华五《厚父》初读”網帖下第1樓發言，武漢大學簡帛網，2015年4月10日。

② 《陳亮集》，中華書局，1974年，頁1–3。

③ 宗邦福、陳世鐃、蕭海波主編：《故訓匯纂》，1770、1771頁，商務印書館，2003年。

五、复

《厚父》簡 5：“古天降下民，設萬邦，作之君，作之師，惟曰其助上帝亂下民之慝，王廼竭失其命，弗用先哲王孔甲之典型……”“之慝”二字整理者屬下讀，馬楠改屬上讀[①]，正確可從。整理者指出，《孟子·梁惠王下》引《書》曰：“天降下民，作之君，作之師，惟曰其助上帝寵之，四方有罪無罪，惟我在，天下曷敢有越厥志？”與此段文字相似[②]。《孟子》這段話，趙岐注：“言天生下民，為作君，為作師，以助天光光寵之也。四方善惡皆作己，所為在予一人，天下何敢有越其志也？”朱熹集注：“有罪者我得而誅之，無罪者我得而安之。我既在此，則天下何敢有過越其心志而作亂者乎？”畫線句子是解釋“惟我在”的。

筆者認為，趙岐、朱熹的理解泛而不切。劉禹錫《天論》：“霆震於畜木，未嘗在罪；春滋乎堇荼，未嘗擇善。”其中“在罪”，郭在貽通過分析句法結構後引《爾雅·釋詁》“在，察也”等，認為“在”當訓為察，“未嘗在罪”即未嘗察罪。其

---

① 清華大學出土文獻讀書會《清華簡第五冊整理報告補正》，清華大學出土文獻研究與保護中心網站，2015 年 4 月 8 日。

② 《清華大學藏戰國楚竹書（五）》，頁 113。

論證精詳，請參看①。竊以為“四方有罪無罪，惟我在”的“在”也是察的意思，這個句子是倒裝結構，正常的語序是“惟我在四方有罪無罪”，表達的意思是上帝設立君、師以督察下民的奸惡。

現在知道，《厚父》“亂下面之慝”意思應該與之相同。整理者讀“亂”之字原作“𤔲”，並在別處訓治理②。蘇建洲曾提出“𤔲”釋讀為“治”③，但後來又放棄這一說法而改從釋“亂”。④ 單育辰認為“𤔲”應是“嗣”或“辭”之省形，可直接讀爲“治”⑤。

今按，結合以上我們對《孟子》“四方有罪無罪，惟我在”的理解看，“𤔲”或不當釋“亂”，因為“亂下民之慝”說法古書不見，且與“在”訓察也不能對應。筆者認為，蘇建洲、單育辰將“𤔲”釋讀為“治”已屬合理，但還不夠貼切，這裡“𤔲”可讀為“伺”，通假上無問題。“伺”的意思也是察，《荀

① 郭在貽《古代漢語詞義札記（一）》，《訓詁叢稿》，中華書局，1985 年，頁 188–189。

② 李學勤《清華簡〈厚父〉與〈孟子〉引〈書〉》，《深圳大學學報》2015 年第 3 期，頁 33。

③ 參看“海天”（蘇建洲先生網名）在楊家剛《追述先王與夏殷之鑒：清華竹簡〈厚父〉與〈尚書〉篇目之比較稿》下的評論，復旦大學出土文獻與古文字研究中心網站，2015 年 1 月 5 日。

④ “海天遊蹤”（蘇建洲先生網名）在“清華五《厚父》初讀”下第 44 樓評論，武漢大學簡帛網，2015 年 4 月 21 日。

⑤ “ee”（單育辰先生網名）在“清華五《厚父》初讀”下第 18 樓評論，武漢大學簡帛網，2015 年 4 月 13 日。

子·富國篇》“有掎契伺詐”，楊倞注“伺，司候其罪”。《論衡·答佞篇》：“何以知其僞而伺其奸乎?”都與《厚父》“𤔲（伺）下民之慝”表達相似。李學勤先生曾說“《孟子》所載‘四方有罪無罪惟我在’兩句，不見於《厚父》簡文，這應該也是傳本的不同”[①]，這是在“之慝”二字屬下讀的情況下的判斷。根據以上所述，筆者認為《孟子》“有罪無罪惟我在”很可能就是簡文“亂下民之慝”流傳之變。

① 《清華簡〈厚父〉與〈孟子〉引〈書〉》，頁34。

甘肅高臺駱駝城前秦墓出土兩件告地策校釋

李明曉*

摘要： 告地書是漢魏六朝時期流行的一種喪葬文書，又稱“告墓牘”、“告地策（冊）”等，主要內容是死者家屬或死者申請將戶籍遷移到地府的報告。本文通過對甘肅高臺駱駝城前秦墓出土兩件木牘《高俟告地策》與《高容男告地策》進行釋文校注，從而為中國早期道教研究以及魏晉法制史研究提供重要的參考資料。

關鍵詞： 駱駝城；前秦；告地策；校釋

2001 年 1 月，甘肅省張掖市高臺縣博物館清理了位於駱駝

*李明曉，西南大學漢語言文獻研究所/出土文獻綜合研究中心助理研究員 重慶北碚 400715。本文的寫作得到國家社科基金項目“出土先秦兩漢法律文獻整理與研究”（12XZS006）、中央高校基本業務專項基金項目“出土魏晉南北朝法律文獻校注”（SWU1509405）的資助。

城遺址南2.2千米處的兩座十六國前秦時期的墓葬。其中一號墓是墓主人高俟與其妻朱吳桑的合葬墓，出土木牘2方，其中第2方是告地策。告地策木牘長26釐米、寬8釐米、厚0.7釐米，墨書行楷體，正背面均有文字，正面自右至左豎寫4列，背面2列。二號墓在一號墓東南4.5米處，墓主人名叫高容男，其身份是大女，很可能是高俟之女。二號墓出土木牘1方，是告地策，長29釐米、寬7.5釐米、厚0.7釐米，墨書行楷體，正背面均有文字，正面自右至左豎寫6列，背面5列。兩件告地策除死者不同，其內容、格式近同，可互相比照，現將兩件告地策一並校釋如下：

一、高俟告地策

【釋文】

敢告皇天后土、天赫地赫、丘丞墓伯［1］：涼故涼州建康郡表是縣都鄉楊下里故/州吏高俟，俟妻朱吳桑，當今正月廿六日葬，從歲月利道，隨太父後［2］。死者屬太山，生/者屬長安［3］。功曹傳送，長所居土，不犯非廬，生死永已［4］。金錢買冢，黃遠荔子，葬日吉/良，奉順地理，黃帝鳳后，玉衡曆紀，選擇良辰，下入蒿市［5］。送以奴婢、車馬給使、/牛羊雞犬、束帛衣履。冢中百物，賈買於市，死入太陰，長永絕矣［6］。黑帝用事，玄武除/央（殃），黃泉九重，鬼神大鄉，即次玄□，葬臣□□［7］。有時無朔，律曆舊章，終入五墓［8］。神/

（正面）靈所依，青龍入策，白虎入箕。生死道別，五行無違，太陰之氣，玄武持時，/太玄入角，朱雀入樓；三神葬鬼，莫復相妨。不得忘（妄）行，有所怨仇，百壽老死，入地黃泉，/終始葬歸蒿里，下見先人，奉侍親埋冢道，諸不得禁止。無責父母，無歸妻/子，今日安錯（厝），□□永已，生人富貴，死人葬絕。冢地左右，各有齊截（戒），若有仞（認）名，券□□□。/時知狀，左青龍、右白虎、前朱雀、後玄武，媒人赤松子［9］。/建元十八年正月丁卯朔廿六日壬辰奏［10］。/（背面）

【校注】

［1］天赫地赫：趙雪野、趙萬鈞先生（2008：86）作“天赫地赫”[①]，寇克紅先生（2009：91）[②] 同。劉衛鵬先生（2009：50）曾指出高零□買地木牘中的“天赫地赫”應為“天龍地使”，天龍為房宿第三星之名[③]。但從拓本看，亦是“赫”。酒泉張氏鎮墓文亦有“天帝明告張氏之冢後死者，天赫地赫”，可相對比[④]。

丘丞墓伯：趙雪野、趙萬鈞先生（2008：87）指出應該是

---

① 趙雪野、趙萬鈞《甘肅高臺魏晉墓券及所涉及的神祇和占卜宅圖》，《考古與文物》2008 年第 1 期。下同，不再注出。

② 寇克紅《高臺駱駝城出土前秦墓出土墓券考釋》，《敦煌研究》2009 年第 4 期。下同，不再注出。

③ 劉衛鵬《甘肅高臺十六國墓券的再釋讀》，《敦煌研究》2009 年第 1 期。下同，不再注出。

④ 甘肅省文物考古研究所《甘肅酒泉西溝村魏晉墓報告》，《文物》1996 年第 7 期。

時空意義上掌管亡人物質肉體的地下官吏。寇克紅先生（2009：95）則認為是掌管戶籍的陰間官吏。

［2］歲月利道：應指日子利於鬼道。

［3］太山：泰山，冥府最高樞紐所在。魏晉鎮墓文中多作“死者屬東太山，生者屬西長安”。

［4］功曹：寇克紅先生（2009：95）：傳遞移書的陰間官吏。

［5］黃遠：又名射干，多年生草本，葉劍形，排成兩行，夏季開花，花被橘紅色，根可入藥。寇克紅先生（2008）指出：黃遠指黃豆。不知何據。

荔子：寇克紅先生（2008）指出：隨葬的植物果實。荔子，指荔枝果實。而劉衛鵬先生（2009：48）懷疑“荔子”是“梨子”之同音誤寫。此從寇釋。

鳳后：劉衛鵬先生（2009：51）：相傳為黃帝大臣之一。

玉衡：劉衛鵬先生（2009：51）：北斗七星中的第五星。

［6］太陰：劉衛鵬先生（2009：51）：指北方或北極。後來借指北方之神，或代表地下幽暗之所。太陰又是太歲的別名。

［7］黑帝：北方之神。玄武：即玄冥。玄指黑，冥指陰，最初是對龜卜的形容，後指北方之神。

鄉：據下件高容男告地策補。

［8］五墓：寇克紅先生（2009：95）：即五姓墓。五姓之說是陰陽家、巫術家把人的姓按五行五音分配，按音韻的不同統一劃分為宮、商、角、徵、羽五姓，並附加了許多吉凶忌諱。

該説在漢代已流行，在流傳過程中，附會了許多喪葬習俗方面的禁忌。五姓與五行結合："宫姓土行，商姓金行，角姓木行，徵姓火行，羽姓水行。"

［9］仞（認）名：冒名認領。

知狀：瞭解情況。

赤松子：寇克紅先生（2009：95）指出：赤松子是道教傳説中的仙人，在神農時為雨師，服水玉以教神農，能入水不濡，入火不燒，至昆侖山，常入西王母石室，隨風雨上下。《淮南子·齊俗》："今夫王喬、赤松子，吹嘔呼吸，吐故納新，遺行去智，抱素返真；以遊無眇，上通雲天。"世間期望赤松子導引亡者靈魂羽化登仙，因喻其為"媒人"。駱駝城畫像磚室墓葬曾出土多幅騰雲駕霧的伏羲、女媧和羽人，亦是人們期冀亡後能在這些神仙的導引下擺脱苦難，靈魂升天。另在 20 世紀 90 年代出土於高臺縣許三灣墓群的西晉建興八年（公元 320 年）木牘亦有"旌持葬於蒿里，下應□□，奉得銅錢，界道橋，不得禁止。……旁人：左青龍，右白虎，前朱雀，後玄武，媒人赤松子。"①

［10］建元十八年：前秦政權前秦宣昭帝苻堅的第三個年號，公元 382 年。

【譯文】

斗膽向皇天后土、天赫地赫、丘丞墓伯報告：涼故涼州建

① 何雙全、狄曉霞《甘肅省近年來新出土三國兩晉簡帛綜述》，《西北師範大學學報》2007 年第 5 期。

康郡表是縣都鄉楊下里的前任州吏高俟，高俟的妻子朱吳桑，在正月二十六日下葬，良辰吉日，隨太父埋葬。死者歸泰山君管理，活者歸長安君管理。功曹傳送文書，長久居於此，不侵犯別人的住所，生死兩相隔。用錢買墓地，黃遠、荔枝用以祭祀，埋葬的好日子，遵奉地形，黃帝鳳后，玉衡曆紀，選擇良辰，下葬墳地。陪葬奴婢、車馬給使、牛羊雞犬、束帛衣履。隨葬的器物，買於市集，死者入太陰，與活者永遠相隔。黑帝當權，玄武除去災禍，黃泉九重，鬼神大鄉，即次玄□，葬臣□□。有四季而無月份，律曆舊章，都歸入五姓之墓。神靈爲依靠，青龍入策星，白虎入箕星。生死兩別，不要違犯五行、太陰之氣，玄武掌握時節，太玄入角星，朱雀入箕星；赤松子、地下二千石、雷電君三神護封塋域，生死不得往來。不得妄自行动，怨恨仇人，壽終老死，歸於黃泉，埋葬蒿里，見到先葬之人，侍奉親人埋入墓地，任何人不得禁止。不得責怪父母，不得侵擾自己的妻子、孩子。今日安葬，生死兩隔，活者大富大貴，死者安息。墓地左右，各有標記。若有搶奪，有券書爲證。見證人左青龍，右白虎，前朱雀，後玄武，中介人赤松子。建元十八年正月二十六日上奏。

【圖版】

寇克紅《高臺駱駝城出土前秦墓出土墓券考釋》一文在《敦煌研究》2009 年第 4 期頁 92 圖 3 附高俟墓券（二）背面，但實際上與圖 2 正面內容重複，實為正面，因此背面圖版未見公佈。

正面

（引自《敦煌研究》2009 年第 4 期頁 92 圖 2）

（二）高容男告地策

【釋文】

敢告皇天后土、天赫地赫、丘丞墓伯：涼故涼州建康郡表是縣都鄉楊下里大女高容男［1］/□□□正月廿六日葬，從歲月利道，隨太父後［2］。死者屬太山，生/者屬長安。功曹傳送，長所居土，不犯此廬，生死永已［3］。金錢買宅，黃遠荔子，葬日吉良，奉順地理，黃帝鳳后，玉衡曆紀，/選擇良辰，下入蒿市［4］。送以奴婢、車馬給使、牛羊雞犬、束帛衣履，家中百物，貴（賈）買於市，死入太陰，長/永絕矣［5］。黑帝用事，玄武除央（殃）［6］，黃泉九重，鬼神大鄉，移殃去咎，萬事相報，有時無朔，律曆舊/章，終入五墓，神靈所依［7］。青龍入策，白虎入箕；生死道別，五行無違；太陰之氣，玄武持［8］。/（正面）時，太玄入角，朱雀入樓，三神葬鬼，無復相防（妨）［9］。不得忘（妄）行，有所仇怨，生壽老死，/入地黃泉，終始葬歸蒿里，下見先人，侍奉親埋冢道，諸不得禁止，無責父母，無/歸妻子［10］。今日安錯（厝），終□永已，生人富貴，死葬絕止［11］。冢地左右，各有齋截（戒），若有仞（認）名，/□□□□了［12］。時知狀：左青龍、右白虎、前朱雀、後玄武。媒人赤松子。/建元十八年正月丁卯朔廿六日壬辰奏。/（背面）

【校注】

［1］女：趙雪野、趙萬鈞先生（2008：86）誤作“乡”，劉衛鵬先生（2009：50）已指出其誤。

高容男：趙雪野、趙萬鈞先生（2008：86）作“高零勇”，誤。劉衛鵬先生（2009：50）已指出“勇”應是“男”。寇克紅先生（2009：92）進一步釋出“容”。

［2］太：趙雪野、趙萬鈞先生（2008：86）誤作“本”，劉衛鵬先生（2009：50）已指出其誤。

後：趙雪野、趙萬鈞先生（2008：86）誤作“□復”，劉衛鵬先生（2009：50）已指出其誤。

［3］居：趙雪野、趙萬鈞先生（2008：86）、寇克紅先生（2009：92）均釋“居”，劉衛鵬先生（2009：50）指出是“為”。因照片不清，故暫從原釋。

所缺“土，犯”據寇克紅先生（2009：92）補。

犯此廬：趙雪野、趙萬鈞先生（2008：86）作“犯此塵”，劉衛鵬先生（2009：50）作“犯此處”，寇克紅先生（2009：92）作“犯此廬”。從照片看，應是“犯此廬”。

生死永：從寇克紅先生（2009：92）釋。

［4］選擇：趙雪野、趙萬鈞先生（2008：86）、劉衛鵬先生（2009：50）均釋“送持”，誤。從寇克紅先生（2009：92）釋。

［5］“陰，長”，據寇克紅先生（2009：92）補。趙雪野、趙萬鈞先生（2008：86）作“太□山”，劉衛鵬先生（2009：50）作“太山”。

永絕：趙雪野、趙萬鈞先生（2008：86）、寇克紅先生（2009：92）均釋“永絕”。劉衛鵬先生（2009：50）指出是“死鄉”。應從前說，

［6］除央：趙雪野、趙萬鈞先生（2008：86）作“泱乎”。劉衛鵬先生（2009：50）指出：應為“央”，通“殃”。

［7］移殃去咎：趙雪野、趙萬鈞先生（2008：86）作“□泱玄都”，劉衛鵬先生（2009：50）指出應為“移殃去咎”。寇克紅先生（2009：92）則作“即□玄□”。此從劉說。

萬事相報：“報”，趙雪野、趙萬鈞先生（2008：86）釋

"隨"。劉衛鵬先生（2009：50）釋"報"。寇克紅先生（2009：92）釋"妨"。此暫從劉說。

無：趙雪野、趙萬鈞先生（2008：86）、寇克紅先生（2009：92）均釋"無"。劉衛鵬先生（2009：50）指出是"葬"。暫從前說。

終：趙雪野、趙萬鈞先生（2008：86）作"絡"。劉衛鵬先生（2009：50）作"往"。寇克紅先生（2009：92）則作"終"。此從寇說。

［8］策：趙雪野、趙萬鈞先生（2008：86）作"參"。寇克紅先生（2009：92）無釋。劉衛鵬先生（2009：50）指出是"策"，策星。此從劉說。

無違：趙雪野、趙萬鈞先生（2008：86）作"興運"。劉衛鵬先生（2009：50）指出應為"無違"。

氣：趙雪野、趙萬鈞先生（2008：86）釋"蒿"。劉衛鵬先生（2009：50）釋"應"。寇克紅先生（2009：92）釋"氣"。暫從寇說。

［9］趙雪野、趙萬鈞先生（2008：85）與寇克紅先生（2009：93）公佈的背面照片不同，疑前者照片有誤，故依寇文為主，以下寇釋不再出注。

太玄入角：劉衛鵬先生（2009：50）作"大豆入留（田）"，誤。

樓：趙雪野、趙萬鈞先生（2008：86）讀作"婁"。

三神：劉衛鵬先生（2009：51）指出當指耿少平墓券中提

到的赤松子、地下二千石、雷電君。

葬鬼：趙雪野、趙萬鈞先生（2008：86）作“□界”。劉衛鵬先生（2009：50）作“封晁”，晁通“兆”，塋域。此從寇釋。

［10］忘行：“行”字看不清楚。趙雪野、趙萬鈞先生（2008：86）無釋。劉衛鵬先生（2009：51）作“愁迫（?）”。

仇怨：趙雪野、趙萬鈞先生（2008：86）無釋。劉衛鵬先生（2009：51）作“（非）怨”。此從寇釋。

生壽老死：趙雪野、趙萬鈞先生（2008：86）作“壽者死”。劉衛鵬先生（2009：51）作“死下轉大鄉”。寇氏所附照片清晰可見是“生壽老死”，故從寇釋。

黄泉：趙雪野、趙萬鈞先生（2008：86）釋“黄泉”。寇克紅先生（2009：92）釋“葬身”。應從前説。

終始葬歸蒿里：趙雪野、趙萬鈞先生（2008：86）作“於始葬歸蒿里”。劉衛鵬先生（2009：51）作“始轉葬歸舊里”。從寇氏所附照片看，應從寇釋“終始葬歸蒿里”。

侍奉親埋冢道：趙雪野、趙萬鈞先生（2008：86）作“奉□祠□道”。劉衛鵬先生（2009：51）作“□□□埋葬，道”。應從寇釋。

止：劉衛鵬先生（2009：51）作“尔”，誤。

歸：趙雪野、趙萬鈞先生（2008：86）、劉衛鵬先生（2009：51）均作“禍”。因二文照片中此字均不清晰，故暫從寇釋，待考。

［11］安錯（厝）：停放靈柩待葬或淺埋以待正式安葬。趙雪野、趙萬鈞先生（2008：86）、寇克紅先生（2009：92）釋“安錯”。劉衛鵬先生（2009：51）釋“敬錢”，應從前說。

終□：趙雪野、趙萬鈞先生（2008：86）作“諸事”，誤。

死葬絕止：趙雪野、趙萬鈞先生（2008：86）、劉衛鵬先生（2009：51）作“死葬絕”。寇克紅先生（2009：92）作“死葬紀止”。諸説均有誤，應為“死葬絕止”。

［12］齋：趙雪野、趙萬鈞先生（2008：86）、劉衛鵬先生（2009：51）均作“齋”。寇克紅先生（2009：92）作“齊”。暫從前説。齋截，疑指齋戒。

【譯文】

斗膽向皇天后土、天赫地赫、丘丞墓伯報告：涼故涼州建康郡表是縣都鄉楊下里的女子高容男，在正月二十六日下葬，良辰吉日，隨太父埋葬。死者歸泰山君管理，活者歸長安君管理。功曹傳送文書，長久居於此，不侵犯別人的住所，生死兩相隔。用錢買墓地，黃遠、荔枝用以祭祀，埋葬的好日子，遵奉地形，黃帝鳳后，玉衡曆紀，選擇良辰，下葬墳地。陪葬奴婢、車馬給使、牛羊雞犬、束帛衣履。隨葬的器物，買於市集，死者入太陰，與活者永遠相隔。黑帝當權，玄武除去災禍，黃泉九重，鬼神相助，除去災禍，萬事都相報答，有四季而無月份，律曆舊章，都歸入五姓之墓。神靈爲依靠，青龍入策星，白虎入箕星。生死兩別，不要違犯五行、太陰之氣，玄武掌握時節。太玄入角星，朱雀入樓星；赤松子、地下二千石、雷電君三神護封塋域，生死不得往來。不得妄自行动，怨恨仇人，壽終老死，歸於黃泉，埋葬墓地，見到先葬之人，侍奉親人埋入墓地，任何人不得禁止。不得責怪父母，不得侵擾自己的妻子、孩子。今日安葬，生死兩隔，活者大富大貴，死者安息。墓地左右，各有標記。若有搶奪，有券書爲證。見證人左青龍，右白虎，前朱雀，後玄武，中介人赤松子。建元十八年正月二十六日上奏。

【圖版】

趙雪野、趙萬鈞先生（2008：85），寇克紅先生（2009：93）均發表此墓券圖版，因照片各有優長，故一並附錄於下。

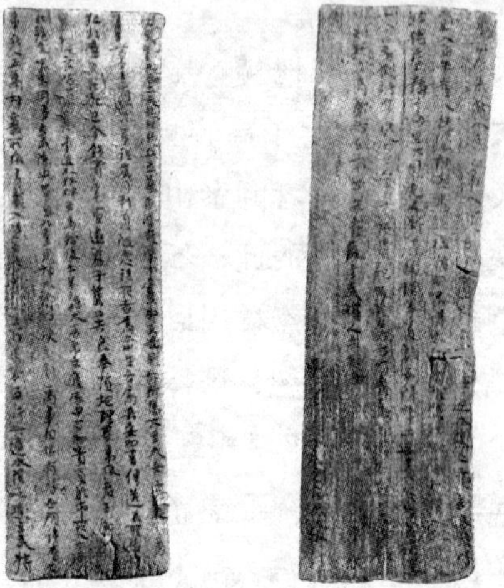

正面　　　　背面

（引自《考古與文物》2008 年第 1 期頁 85 圖一：1、2）

正面

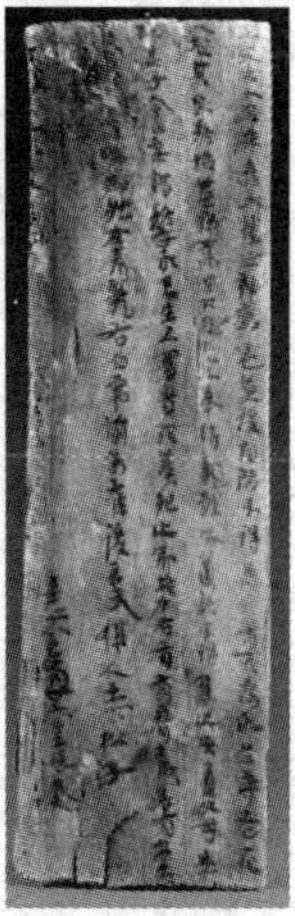

背面

（引自《敦煌研究》2009 年第 4 期頁 93 圖 4、5）

《江陵鳳凰山西漢簡牘》校勘記

邱 晨*

摘 要：比對《江陵鳳凰山西漢簡牘》一書的圖版、摹本、摹本隸文、釋文，共發現了28條不當之處。這些不當之處可分為隸定錯誤、隸定不統一、摹寫失真、注解欠妥、釋文脫漏、內容缺失或重複共6類。除此之外還有一些印刷和注釋體例方面的問題。本文將對這些問題一一進行描述。

關鍵詞：校勘；釋文；摹本隸文

1973年秋至1976年，在湖北荊州鳳凰山發掘的8號、9號、10號、167號、168號、169號漢墓中發現了大批簡牘，內容包括遣策、告地策、中販共侍約等，時間大致是西漢文景時期。湖北省文物考古研究所對這批簡牘進行了整理並於2012年出版了《江陵鳳凰山西漢簡牘》。此書每支簡的整理都分為四列，包括原圖版照片、摹本、摹本隸文、釋文。這樣的整理方式大大

* 邱晨，河南省安陽市正一中學 教師 安陽 455000。

方便了我們對整本簡文的閱讀與研究。

在研讀《江陵鳳凰山西漢墓簡牘》的過程中，通過認真比對圖版、摹本、摹本隸文、釋文，發現了一些可以補正的地方，共計43條。本文暫將其大致歸納為六類：一是隸定錯誤，二是隸定不統一，三是摹寫失真，四是注解欠妥，五是釋文脫漏，六是內容缺失或重複。另外，還有一些印刷和注釋體例方面的問題。本文將按照簡文順序將以上幾類問題逐一分析，希望能夠為學界相關研究提供一些參考。本文在寫作過程中參考了章水根的《江陵鳳凰山漢墓簡牘集釋》[①]。

一、隸定錯誤

此類錯誤出現較多，包括釋文錯誤和摹本隸文錯誤。共計24條。

（一）誤“故”為“白”

8號1釋文：“白縑禪衣一”

按：上引“白”字摹本隸文作“故”，簡文寫作，从殘存筆畫看來該字應有左右兩個部件，而簡牘中“白”多作“”，与該字構形完全不同。8號墓簡19中的“故”字作，與該字構形相同，故該字應隸定為“故”而非“白”。摹本隸文

① 章水根《江陵鳳凰山漢墓簡牘集釋》，吉林大學碩士學位論文，2013年。

可從，釋文誤。此字雖可確釋為“故”，但因其有所漫滅故應加“□”，即將其釋作“故”為善。“故縑襌衣”指的是：舊的雙絲織成的單層衣服。

（二）誤“旁鞊”為“□靺”

8 號 32 釋文：“□[①]靺一”

按：上引“□靺”，簡文寫作“”。秦漢簡牘中“旁”字形作“”[②]、“”[③]，與該簡中的“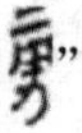”字形基本相同，所以“”應釋為“旁”。該簡第二字，字形比較清晰，右邊从“告”而不是“末”，與 8 號墓簡 31 的靺“”明顯不同，應該隸定為“鞊”。李家浩先生提出“鞊”疑為“櫜”字的異體。因為“櫜”的異體作“韟”，而且由於皋與告音近，“韟”與“鞊”可能為聲旁不同的異體字，所以“鞊”可能為“櫜”的異體字[④]。方勇則從另一角度出發，認為“咎”與“告”古音極近，故“鞊”可能讀為“櫜”[⑤]。因為“鞊”不見於字書，所以筆者

① 本文所引簡帛文字和釋文符號，悉依張顯成主編《楚簡帛逐字索引（附原文及校釋）》（四冊本），四川大學出版社 2013 年，可詳見該書第一冊《凡例》第 14 條。

② 字形選自《馬王堆漢墓帛書·相馬經一上》。

③ 字形選自《關沮秦漢墓簡牘》簡 354。

④ 李家浩《讀江陵鳳凰山西漢墓遣策札記三則》，《中國文字學報》第 2 輯，2008 年，頁 67–72。

⑤ 方勇《讀江陵鳳凰山漢簡札記（二則）》，《古文字研究》第 30 輯，2014 年，頁 464–467。

更傾向於李家浩先生的觀點，將“韜”作為“櫜”字的異體。《國語·齊語》：“諸侯之使垂櫜而入。”韋昭注：“櫜，囊也。”“旁”應讀為“傍”。綜上，該簡釋文應作“旁（傍）韜（櫜）一”。“旁韜”就是傍囊，與168號墓簡47中的“旁囊”同，具體是指繫在腰間的絲囊。

（三）誤“囊”為“簞”

8號39釋文：“大奴賢御，食簞二”

按：上引“簞”，簡文作“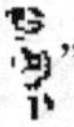”，字形有些模糊，但對比8號墓簡42中“簞”的簡文“”，可以看出兩字明顯有別。而“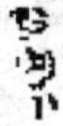”與《鳳凰山漢簡》中“囊”的字形基本一致，如：8號墓簡140“囊”作“”，故“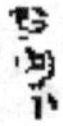”應隸定為“囊”。釋文誤，摹本隸文不誤。

（四）誤“竞”為“竟”

8號43釋文：“大奴宜騎，金竟一”

8號44釋文：“大奴瘫騎　竟檢一合”

按：上引兩個“竟”字，簡文分別寫作“”、“”，第一個字形稍有残缺，但第二個字形清晰完整，據簡文應隸定為“竞”。“竞”字是“竟”的異體，而“竟”與“鏡”聲旁相同可通，所以“竟”可讀作“鏡”，即“竞”可讀作“鏡”。釋文當作“金竞（鏡）”和“竞（鏡）檢”為善。簡43和簡44旁

分別注明出土銅鏡和裝有銅鏡的漆奩各一件。

（五）誤“績”為“繢”

8 號 54 釋文：“素手巾皆（?）繢緣”

按：上引“繢”，簡文作“”，釋文將其隸定為“繢”。馬王堆漢墓中習見“繢”，字形多作“”[①]，與該字右部所从明顯不同。10 號墓簡 21 的“”，右部从“貴”字，與“”字右邊差別也比較大。“貴”字上从兩手，上部筆畫通常是連接的。而簡 54 中“”的右部構件的上邊有一單獨的横畫，“貴”未見此寫法。而“績”有字形寫作“”、“”[②]，與該字形相近，所以隸定為“績”較為合適，摹本隸文可從，釋文誤。“績緣”，意為：在手巾的邊緣綴有流蘇類的裝飾。

（六）誤“生”為“壬”

8 號 58 釋文：“大婢壬侍”

按：上引“壬”，簡文寫作：“”，應隸定為“生”。9 號墓的 3 號木牘中有“壬”字，作“”，與“”明顯不同。故釋文誤。

（七）誤“茍（笱）來”為“笱尒（?）”

8 號 60 釋文：“大婢笱尒（?）侍”

---

① 字形選自《馬王堆漢墓一號墓遣策》簡 251。

② 兩字形分別選自“古鉢”和“望堂·司徒殘碑”。

按：上引“筍來（?）”，簡文作“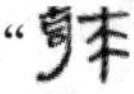”。其中“”上部所从即為“竹”的一半，當隸定為“笱”，即“筍”字，釋作“笱（筍）”更善。“”，當釋為“來”，馬王堆漢墓遣策中習見“來”，多作“”①，與此字形同。釋文誤，摹本隸文未釋此字。“筍來”是大婢的名字。

（八）誤“廜”為“庳”

8號61釋文：“大婢庳養”

按：上引“庳”，簡文作“”。10號墓簡60中有“庳”作“”，與此字形不同。且“”字“广”下部件與簡中如“”、“”、“”等字所从“卑”的字形亦不同。釋文將其隸作“庳”，不確。摹本隸文作“廜”，可從。

（九）誤“擢”為“糴”

8號82摹本隸文：“大奴舒糴”

按：上引“糴”，簡文寫作“”。八號墓簡79至84中均見“擢”，部首皆為“扌”，簡82中的偏旁不是特別清晰，釋文隸定其為“擢”，摹本隸文則將其隸定為“糴”。“米”、“木”、“扌”這些偏旁字形比較接近，容易混淆，但與其他幾支簡中“擢”的偏旁進行對比，可知將簡82中的字形隸定為“擢”更為合適。“擢”，即用槳划船，在簡中指划船的船夫。整支簡的

① 字形選自《馬王堆漢墓一號墓遣策》簡208。

意思是：叫舒的成年划船僕人。

（十）誤“偶”為“偶”、“耦”

8 號 88 摹本隸文：“右方偶人藉（籍）凡卌（卌）九”

8 號 88 釋文：“右方耦人藉（籍）凡卌（卌）九”

按：上引“偶”、“耦”，簡文寫作“”，該字左部既不从“亻”，也不从“耒”，當从“彳”。簡帛中時見“亻”“彳”混書不分，所以上引簡文中的“”可能是“偶”之訛誤俗寫，但不論是否是訛誤俗寫，簡文中的字形十分清晰，所以應先隸定為“偶”，再作說明，即：“偶（偶）”。“偶人”指“寓於木之人”，即木俑。釋文與摹本隸文皆誤。

（十一）誤“槃”為“盤”、“槃”

8 號 94 釋文：“浣槃一”

8 號 95 釋文：“髹（漆）平盤一”

按：上引“槃”、“盤”，簡文寫作“”、“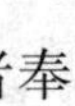”，上从般，下从木，當隸定為“槃”。所以簡 94 和簡 95 的釋文隸定均不確，且兩個“槃”字形基本相同釋文卻給出了兩種隸定方式，體例上不統一。當遵照簡文原形先作隸定，再作說明，即：“槃（盤）”。摹本隸文不誤。《禮記 · 內則》：“少者奉槃，長者奉水，請沃盥”，鄭玄注：“槃，盛盥水者。”《說文》的“槃”字下段玉裁注：“槃引申之義爲凡承受者之偁，如《周禮》珠槃、夷槃是也。”所以“盤”是既可盛水也可盛物的一種容器。“浣盤”，當指盛洗滌用水的盤子。“漆平盤”，當指塗有漆的敞口淺盤，應為盛物所用。

（十二）誤“食”為“大”

8 號 111 釋文：“大赤杯十”

按：上引“大”，簡文寫作“”，字跡清晰可見。“大”與“食”兩字形相差較遠，故釋文隸定錯誤。摹本隸文不誤。

（十三）誤“耤”為“藉”

8 號 115 釋文：“▬右方食器藉”

8 號 170 釋文：“▬右方五殸（穀）小槖藍（鹽）芥篙（篘）藉”

按：上引“藉”，簡文寫作“”“”。對比八號墓簡 88 中“藉”的字形“”，可以明顯地看出來簡 115 和簡 170 中的兩個字形都沒有“艹”。所以應隸定為“耤”，“耤”讀作“籍”。釋文誤，摹本隸文不誤。

（十四）誤“橐”為“槖”

8 號 126 釋文：“純槖粢秫米一石一斗”

按：上引“槖”，簡文寫作“”。可以看出此字中間所从部件當為左右結構，而不是从“石”。8 號墓的簡 138 有一字形作“”，中間明顯从“石”，隸定為“槖”無疑。另外，睡虎地秦墓竹簡中也有“槖”① 字，字形作“”。而簡 126 中的

① 字形選自《睡虎地秦墓竹簡·秦律雜抄》簡 16。

“”與這兩字明顯不同，故此字不應隸定為“橐”，摹本隸文與釋文皆誤。

整本簡中還有很多與此相近的字形，凡 36 例。如：“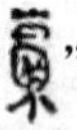”“”“”“”①，中間所从部件基本為左右結構，字形很接近。黄盛璋先生在談論釋“囊”與“橐”的問題時曾提出“遣策中如出現此字形，除個別與特殊有確證之外，皆統一隸定為“囊”②。筆者認為黄盛璋先生的觀點可從，所以除簡 138 外，簡文中的此字形皆應釋為“囊”，而摹本隸文將其全部釋為“橐”，釋文則釋“橐”和“囊”的情況兼有，標準不一。摹本隸文與釋文皆可商。

（十五）誤“熏”為“薰”

8 號 137 摹本隸文：“薰［薰，薰］橐一└ 綺”

8 號 168 摹本隸文：“薰籥（箳）一笿”

按：上引兩“薰”，圖版字形分別作“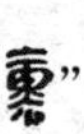”、“”，雖然部分筆畫有些殘缺，但是可以看出兩字都不从“艹”。167 號墓簡 51 中有一“薰”字作“”，與這兩字明顯不同。所以這兩字皆應隸定為“熏”。摹本隸文有誤。釋文不誤。

① 三個字形分別選自 8 號墓的簡 132、137、141 和 168 號墓的簡 50。

② 黄盛璋《江陵高臺漢墓新出“告地策”、遣策與相關制度發復》，《江漢考古》，1994 年第 2 期，頁 43。

在簡124中也出現了“熏”，字形作“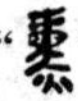”，此處摹本隸文將其釋為“熏”，無誤。與簡124的“熏”字形相似，簡137與168中摹本隸文卻多加了“廿”，這可能是由於摹本摹寫稍有變形造成的。兩字摹本分別作“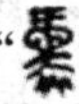”、“”。原圖版兩字的第一筆都較平滑，但摹本中卻波折彎曲，特別是簡137中的字形變形較嚴重，確實有誤導性。摹本隸文可能因此將兩字第一筆誤釋成了“廿”。

（十六）誤“靃”為“靃”

8號149釋文：“靃（靃（藿），靃（藿））笿一”

按：上引“靃”，圖版作“”，可以看出該字下部从“手”，而不从兩“手”，故當隸定為“靃”，摹本隸文可從，釋文誤。

靃可能讀為“藿”，二字皆从“霍”聲，故可通。“藿”指豆葉，《廣雅·釋草》：“豆角謂之莢，其葉謂之藿。”

（十七）誤“篙”為“傷”

8號159釋文：“芥一傷”

8號160釋文：“□一傷”

8號161釋文：“蹁醬一傷”

8號162釋文：“肉醬一傷”

8號163釋文：“甘酒一傷”

8號170釋文：“▬右方五﹝殳﹞（縠）小橐藍（鹽）芥傷藉”

8 號 161 摹本隸文："蹁醬一傷"

8 號 162 摹本隸文："肉醬一傷"

按：上引各簡中的"傷"，簡文均寫作""，且字形清晰。雖然該字的上半和下半部分靠得很近，但是我們仍可以看出它是有竹字頭的，而並不僅僅是一個"傷"字。因此簡 159–163 釋文中的"傷"皆隸定錯誤。摹本隸文在簡 161 和簡 162 中隸定其為"傷"，在簡 159、160 和 163 中則隸定為"篡"，前後不一致。釋文和摹本隸文皆應依照原簡字形將其隸定為"篡"。"篡"即"簜"，指出土的大竹筒。

（十八）誤"算"為"筭"

8 號 165 釋文："博（簿）∟筭∟綦（棋）∟梮∟博（簿）席一具∟博（簿）橐一"

按：上引"筭"，簡文寫作""，當隸定為"算"。《江陵鳳凰山漢簡》中習見"筭"，字形均為""。兩字字形明顯不同，釋文將其隸定為"筭"似有不妥。釋文誤，摹本隸文不誤。

（十九）誤"薄"為"溥"

9 號 18 釋文："溥土一"

按：上引"溥"，簡文寫作"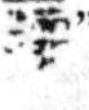"，很明顯有"卄"，所以當隸定為"薄"。釋文誤，摹本隸文不誤。

（二十一）誤"稾"為"稿"

10 號牘 6 釋文："田稿二石"

按：上引"稿"，摹本隸文作"稾"，簡文該字寫作"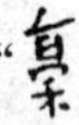"，

當隸定為“稾”。“稾”字是“稾”的異體，而“稿”則是在“稾”廢除後作為異體代替之①。此字當釋作“稾（稿）”為善。《漢書·貢禹傳》：“已奉穀租，又出稾稅。”顏師古注：“稾，禾稈也。”“稾”即“稿”指當時的稻草稅。

（二十二）誤“三”為“二”

10 號 110 摹本隸文：“□千二百移鄭里”

按：上引“二”，簡文寫作“”，三横清晰可見，當隸定為“三”，而不應是“二”，摹本隸文誤，釋文不誤。

（二十三）誤“卅、卌”為“丗、丗”

10 號 27 釋文：“田卌畝”

10 號 28 釋文：“田卅三畝”

168 號 10 釋文：“馬十四，人卌一”

168 號 32 釋文：“畫杯卅”

按：上引“卅”和“卌”（除上述四例，兩字在整本簡中還多處出現，其中“卅”共計 30 次，“卌”共計 14 次），在簡文中的字形均分別作“丗”和“丗”，全簡摹本隸文均按照原簡字形隸定為“丗”和“丗”。釋文只在 8 號墓的 108 簡中將其隸定為“丗”，其他均隸定為“卅”。根據原簡字形，筆者認為應將兩字分別隸定為“丗”和“丗”，然後再加以解釋比較合適，即：“丗（卅）、丗（卌）”。這樣體例較為統一。

① 裘錫圭《湖北江陵鳳凰山十號漢墓出土簡牘考釋》，《文物》，1974 年第 7 期，頁 60。

（二十四）誤“曷”為“甾”

168號52釋文：“甾履一兩”

按：上引“甾”，簡文寫作“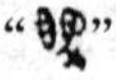”，當隸定為“曷”，“曷”讀為“葛”，“葛履”就是葛製之履，與典籍習見的“葛屨”同。釋文誤，摹本隸文可從。

二、隸定不統一

在上文“隸定錯誤”中也存在釋文與摹本隸文的不統一，但多為摹本隸文錯誤或釋文錯誤。此類中的不統一指釋文和摹本隸文不同，釋文釋甲，摹本隸文釋乙。具體有兩種情況：一是原簡文可識，但釋文未作隸定，造成與摹本隸文不統一；二是隸定標準不同，造成釋文和摹本隸文的隸定不統一。共計4條。

（二十五）“□”與“毋”

8號2摹本隸文：“毋□禪衣一”

按：上引“毋”，釋文作“□”，二者不統一。原簡文“毋”字清晰可見，摹本隸文的隸定正確，釋文不應缺釋。

（二十六）“□”與“前”

8號15摹本隸文：“素前襲一”

按：上引“前”，釋文作“□”。原圖版作“”，字形比較清晰，應確釋為“前”。釋文不應缺釋，摹本隸文可從。

（二十七）“□”與“素”

8號17摹本隸文：“新素袍二”

按：上引“素”，釋文作“□”。原簡文的“素”稍有模糊，但結合文意，對比8號墓其他“素”的字形，可確定隸定為“素”應該沒有問題。釋文不應缺釋。

（二十八）“紪”與“紫”

167號4釋文：“紪蓋一”

按：上引“紪”，摹本隸文作“紫”。該字原簡文作“紪”，“紪”和“紫”本就是構件位置不同的異體字，實屬同一字，所以釋文與摹本隸文的隸定都不算錯。但是摹本隸文與釋文隸定文字應該有統一的標準，不能前後不一致。筆者認為隸定文字應首先以其原字形為主，然後再對其異體或者通假等用字現象進行說明，這樣比較合適。所以應將此字釋為：“紪（紫）”。

在《江陵鳳凰山漢簡》中類似的現象還有兩處，分別是：167號墓簡4的“坢”與“牡”、167號墓簡48的“𨡕”與“酟”，因情況相同，這裡就不再贅述。

三、摹寫失真

指摹本對圖版簡文的摹寫不夠準確。整本簡的摹寫大多準確無誤，由於原圖版有的地方模糊不清，摹本可以有效地幫助閱讀和識別簡文，但是仍有幾處摹寫不甚準確，略有失真之處。共計5條。

（二十九）“一”

按：8 號墓簡 3 中的“一”字，圖版作“”，字形清晰可見，沒有殘斷和漫滅不清之處，但是摹本卻書作“”，中間出現了殘筆，沒有完全遵照原字形，稍有失真。

（三十）“衣”

按：8 號墓簡 4 中的“衣”字，圖版作“”，字形線條清晰可見，摹本摹寫為“”，出現了殘斷不清的筆畫，略有失真之處。

（三十一）“韎”

按：8 號墓簡 31 中的“韎”字，圖版作“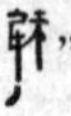”，該字右邊應為“末”，而摹本作“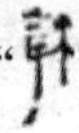”右邊變成了“木”。原字形右邊部件上有一短横，摹本未摹出。韎即韈，《集韻·月韻》：“韈，足衣也。亦作韎。”

（三十二）“某”

按：10 號墓簡 39 中的“某”字，圖版作“”，清晰可見，當隸定為“某”。摹本作“”，摹寫的誤差較大，使得字形完全發生了變化，從而導致摹本隸文誤隸為“采”。釋文不誤。

（三十三）“九”

按：10 號墓簡 107 中的“六”，圖版寫作“”，而摹本寫作“”，摹本的摹寫明顯有失真之處。結合兩處同為 10 號墓的“九”的字形，分別是“”、“”①，再查看兩處10號墓中“六”的字形“”“”②，經過一系列比對我們可以明顯地看出來簡107圖版上的字當為“九”而非“六”。可能是由於摹本誤摹寫作“”，導致摹本隸文誤隸為“六”。摹本隸文誤，釋文不誤。

四、注解欠妥

書中往往會對有礙於釋讀的字的特殊用法或含義加以註解。但也存在一些字未注明用法或部分注解說法欠妥的情況。此類別中字形隸定均無爭議，筆者只是對一些字的用法進行補充，同時糾正一些注解的不當說法。共計3條。

（三十四）“緒（紵）”

8號3釋文：“早緒禪衣一”

按：上引“緒”，摹本隸文亦作“緒”。該字在釋讀上沒有爭議，但書中未對該字的用法加以注解。簡文中的“緒”當為“紵”的通假字，因二字均屬魚部，故可通。“紵”，《說文·糸部》：“麻屬。細者爲絟，粗者爲紵。緒，紵或从緒省。”後段玉裁改為：“細者爲絟。布白而細曰紵。”“早緒單衣”即為“黑色麻布做的單層衣服”。

---

① 兩個“九”的字形分別選自10號墓的簡105和簡117。

② 兩個“六”的字形分別選自10號墓的簡105和簡108。

（三十五）“垸（粽）”

8 號 138 釋文：“垸橐一”

按：上引“垸”摹本隸文和釋文皆作“垸”，未對其進行注解。毛靜認為“垸”通“粽”①，此說可從。垸、粽，皆古匣母元部字，聲韻皆同，故可通。《玉篇·米部》：“粽，粉也。”《集韻·桓韻》：“粽，粉餌。”“粽”即米粉或米粉餅。“垸”通“粽”表示為“垸（粽）”又因為“垸”字後有重文符號，故用雙重括號來表示。綜上，該字釋作“垸（垸（粽），垸（粽））”更顯完善。

（三十六）“兩”

8 號 31 釋文：“新素韎（襪）一兩”

按：上引“兩”，釋文後注：“兩，讀作緉，指一雙。”其實“兩”即有“一雙”之義，《詩·齊風·南山》：“葛屨五兩。”孔穎達疏：“屨必兩隻相配，故以一兩爲一物。”且漢墓遣策常習用“兩”來作為稱量襪子或鞋的量詞，故無需再通為“緉”。

五、釋文脫漏

指釋文或摹本隸文漏釋了原簡本有的文字或符號。共計 3 條。

---

① 毛靜《漢墓遣策校注》，西南大學碩士論文，2011 年。

（三十七）脫“一”字

8 號 1 釋文：“故縑襌衣”

按：該簡的原簡文和摹本行文最後三字均為：“襌衣一”，最末的“一”字清晰可見，不應漏釋，故釋文應補出，摹本隸文不誤。

（三十八）脫“▬”

按：8 號墓簡 115、125、170 和簡 175，在這 4 支簡的開頭原簡和摹本均有“▬”，而摹本隸文均未標出。“▬”通常在簡首表示小結，不應缺釋，應補出。釋文不誤。

（三十九）脫“米”字

167 號 60：“粢秫二石”

按：該簡原簡文和摹本“秫”字後都書有“米”字，字跡清晰，不應漏釋，故釋文應補出，摹本隸文不誤。

六、內容缺失或重複

《江陵鳳凰山漢簡》全書整理分圖版、摹本、摹本隸文、釋文四個部分。此類中的內容缺失或重複，具體指的就是這四個部分中某一部分的缺失或重複。共計 4 條。

（四十）缺摹本隸文

按：8 號墓簡 7，缺摹本隸文。原簡文為“□襌衣一”，其中“襌”殘斷上半部，但是“衣、一”兩字仍清晰可見，所以不應無摹本隸文。釋文不誤。

（四十一）排印錯誤

按：9號墓的簡30，原簡文字跡漫滅不清基本無法識別，且此簡無摹本隸文，釋文作“梔□隻（雙）”。雖然簡30中的文字已無法準確地給出隸定後的字形，但是從殘存筆畫中可以判斷應不是釋文中給出的“梔”“隻”。應是排印錯誤，將他簡的釋文排在了該簡之後。

（四十二）缺圖版

按：9號墓的簡32，缺原簡的照片，只有摹本、摹本隸文和釋文。

（四十三）圖版重複

按：167號墓簡35和簡36，兩支原簡的照片、摹本、摹本隸文均一模一樣。釋文卻分别為“緒卑匲一隻”和“食卑匲一隻”。兩支簡的圖版、摹本和摹本隸文應是同一支簡的重複排列。釋文可能是正確的。

除了上述歸類指出的幾個方面的問題以外，《江陵鳳凰山西漢墓簡牘》一書在印刷、注解體例等方面還存在一些問題，如：

1. 該書採用的圖版是黑白照片，這使原圖版的清晰度大打折扣，不利於使用該書時對這批簡牘進行研究。

2. 在整本簡中有原簡文及摹本字跡都十分清晰，但摹本隸文的文字卻出現部分殘缺的現象，或由印刷導致。如：8號墓中簡26的“裙”，原簡文字跡十分清晰和完整，但摹本隸文作“”，字體右下角部分殘缺。

3. 注解體例不統一。8號墓中通假、異體等用字現象或字詞注解，都採用在每支簡後隨簡注釋的方式。9 號墓、10 號墓、167 號墓、168 號墓中的通假、異體等用字現象採用的體例是在本字後加括號標明，對於字詞的注解則在該墓的最後統一列出。169 號墓則是將所有注釋統一列在該墓的最後。各墓體例不盡相同。

4. 該書列出的摹本隸文、釋文等是汲取各家研究成果結合而成，雖然便於瞭解多家觀點，但是使用時不免造成困惑和不便，作為一本書，應盡量統一體例以便於讀者使用。

以上所述便是筆者在學習《江陵鳳凰山西漢墓簡牘》一書時所發現的一些問題，希望能為學界的相關研究提供一些有價值的參考意見。

《肩水金關漢簡（壹）》釋文訂補

何茂活*

摘　要：《肩水金關漢簡（壹）》因收録簡牘數量繁巨，加之簡牘殘斷及文字漫漶現象嚴重，以致少量簡文存在誤釋、缺釋現象；在圖版排印方面，還存在個别圖版倒置、翻轉等問題。現選50餘例予以補釋和訂正。

關鍵詞：肩水金關；漢簡；釋文；訂正

* 何茂活，河西學院文學院 教授 張掖 734000。本文為國家社科規劃基金西部項目“河西漢簡文字形義考論”（項目批准號13XYY010）的階段性成果。本文於2014年11月29日發布於復旦大學出土文獻與古文字研究中心網站“戰國文字與簡帛”欄目，發布前承網站匿名編輯提出多條重要修改意見，發布後又承網友批評指正，統此致以誠摯感謝。2015年7月23日，本文參加嘉峪關魏晉墓與絲綢之路歷史文化學術研討會小組交流，承馬智全、肖從禮等先生研酌是正，會後馬智全先生幫忙查驗了73EJT10：517簡，筆者據此對該簡的討論作了重要修改。文中如仍有錯謬失當之處，概由本人負責。

《肩水金關漢簡（壹）》收録金關漢簡2351枚①，其中包括1973年肩水金關第1–10號探方出土的全部簡牘。該書出版前經過各方專家的精心釋讀和反復改訂，保證了釋文的準確和信實，為該批簡牘的研究和利用奠定了堅實的基礎。但因簡牘數量繁巨，文字漫漶嚴重，部分簡文仍存在一些誤釋、缺釋現象，同時在圖版排印方面也偶有疏誤。本文試選50餘例加以訂補，以就正於方家。

1. 胡臨呼夃一　马（73EJT1：11）

按："夃一"圖版作，當釋為"逐"。本書1：187"逐蓬火"，"逐"字作，寫法與此同，唯末筆曲直及結構疏密有異。

2. 日勒丞王勝　馬二匹軺車二乘　小史脩□里王奉光　丿（73EJT1：42）

按："脩"後之字為，當釋為"飭"。"脩飭"成詞，意義合乎縣邑鄉里取名之習慣與情理。本書9：120"脩義里"可為其證。另，8：84"脩穫里"當釋為"脩禮里"。"脩禮"圖版作②。"脩義"、"脩禮"為動賓結構，"脩飭"為並列結構，結構不同，但語義相近。

---

① 甘肅省簡牘保護研究中心、甘肅省文物考古研究所、甘肅省博物館、中國文化遺産研究院古文獻研究室、中國社會科學院簡帛研究中心：《肩水金關漢簡（壹）》，中西書局2010年，第1頁。

② 據張俊民先生公佈的釋文電子版，"脩穫"原釋"修禮"，正式出版時改訂為"脩穫"，"穫"字改訂未當。參張俊民《〈肩水金關漢簡（壹）〉釋文》，簡帛網（http：//www. bsm. org. cn）2011年9月23日。以下簡稱"釋文電子版"。

3. ☐宜逐捕亡民安樂里發赤張掖□☐（73EJT1：86）

按："赤"當釋為"告"。"告"之"口"旁為草書寫法，参9：29A两处"敢告"。"發告"指發佈文告。王充《論衡·順鼓》："大道難知，大水久湛，假令政治所致，猶先告急，乃斯政行。盜賊之發，與此同操。盜賊亦政所致，比求闕失，猶先發告。"① 本簡説計劃追捕逃亡百姓於安樂里，因此發佈文告至張掖。據查，張掖郡居延縣恰有安樂里，金關簡中多有所證，如5：27"從者居延安樂里大夫曹成年☐"、10：340"居延安樂里男子王收年廿"等。

4. 長止一（73EJT1：89）

按：原釋"止一"者，圖版作，實為"送"字，因中間部分筆畫漫漶，故誤釋為二字。9：103A"遣外人送槽"之"送"作，可以参考②。

5. ☐五月丙寅嗇夫延坐受☐（73EJT1：104）

按："延坐"實為"長生"，参1：124"☐地節二年七月戊子嗇夫長生封"。二者圖如後：

① 黄暉撰《論衡校釋（附劉盼遂集解）》，中華書局1990年，第689頁。

② "槽"原釋"莱"，今據裘錫圭先生關於"槽櫝"的討論改訂為"槽"。詳參下文第28條討論及其注解。

圖1　“延坐”（1：104）

圖2　“長生”（1：124）

上二簡所見之“嗇夫長生”當為同一人，且二簡所屬年份也應相同。據《二十史朔閏表》，地節二年五月壬戌朔，丙寅日為初五；七月辛酉朔，戊子日為廿八[1]。1：104簡“五月丙寅”前殘缺者亦應為“地節二年”。

6. ☑屋蘭守左尉德□☑（73EJT1：178A）

按：“蘭”圖版實作，當釋為“闌”。金關簡中“屋蘭”作“屋闌”者並不少見，如以下數例中的“蘭”字圖版均作“闌”：“☑屋蘭騎士滅胡里蘇乙”（4：9），“北部助府屋蘭尉史”（4：148），“兄妻屋蘭宜眾里井君任年廿一”（6：42）。為準確反映簡牘用字的實際情況，還是以釋“闌”為宜。

7. ☑□來年卅一☑（73EJT2：6A）

按：“年”前之字，圖版作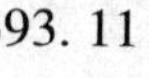，應釋為“樂”。河西簡牘中“樂”常草寫作（居延393.11）、（武威醫簡84乙）

① 陳垣《二十史朔閏表》，古籍出版社1956年，第18頁。以下引述該書恕不煩注。

等，其篆隸字形及行書草書字形間的演變關係可參《漢代簡牘草字編》[1]。

8. ☐□者省擇其十人作牛車輪工遣詣天水郡☐（73EJT2：18）

按："工"前之字，圖版作，應釋為"輪"。據釋文電子版，原釋為"輪"，當是。出版時改為"輸"，未妥。

9. 張子方百——府六六五五六六八八九十（73EJT3：38）

按："十"後漏釋一"十"字。簡中"六六五五六六八八"及"十十"均為疊字形式，唯"九"字未重疊。

10. 歲重里賞☐（73EJT3：40）

按：首字圖版作，實為"蒙"。4：4"蒙宜成里朱昌年廿五☐"，"蒙"作，寫法相同。"蒙"為梁國之縣名，"重"及"宜成"為里名。

11. 七月甲丙戌壬申乙丁巳辛卯丙戌寅凡十日壬毋北戌毋東南月八日九日十日十二日十四日廿七日廿八日有比日毋（73EJT3：103）

按："比"當釋為"此"，圖版作，其左為"止"的草寫，非"匕"。另，"丁"字右下角所書之字不是"巳"而是"己"。後一問題已有學者指出，茲不詳述[2]。

① 陸錫興《漢代簡牘草字編》，上海書畫出版社1989年，第111頁。

② 馬智全《〈肩水金關漢簡（壹）〉校讀記》，《考古與文物》2012年第6期，第107-109頁。

12. ⧄□二月辛巳尉史豐至敢言之謹⧄（73EJT4：41A）

按：本簡上書文字三行，此為第二行，其他恕不引録。本行衍釋“至”字，蓋因原釋“豐”為“曲至”，後改訂為“豐”後，誤留“至”字。

13. ⧄□不當始元□⧄（73EJT4：44A）

按：“始”後之字圖版作，當為“氏”。1：20“虞氏”及4：98“吳氏”之“氏”分别作和，字形雖不全同，但筆形筆意均相吻合。

14. 河平三年十月丙戌朔丙肩水守候回（檢）（73EJT4：113A）

河平三年十月丙子朔丙戌肩水守候　塞　塞尉寫移過所河回　（檢）（73EJT4：113B）

按：據《二十史朔閏表》，河平三年十月朔日干支為丙戌。本簡A面所書正確，但後一“丙”字後漏書“戌”字；B面所書“丙子朔”係“丙戌朔”之誤書。釋文中可酌予補正。

15. ⧄要虜隧卒梁國載秋里李游子　六石具弩一完　槀矢銅鍭五十⧄（73EJT4：153）

按：“梁國”之“梁”圖版中實作“粱”，係同音通假。釋文應照録借字，以存其真。金關簡中“梁國”作“粱國”者不少，如1：75、1：134、1：135、1：137、5：14、5：39等簡，圖版俱作“粱國”，而釋文均作“梁國”，不妥。該書第貳卷注意保留借字，處理較為妥當。如21：37、23：939、24：28等簡均據圖版釋為“粱國”①。

16. ☑□☑（73EJT4：164）

按：缺釋之字，圖版作，水平翻轉後為，當釋為“敞”字。疑係排版之誤。

17. ☑逐捕未能發□☑（73EJT4：178）

按：簡末缺釋之字，當釋為“糺（糾）”。糾，小篆作，故有異體“糺、糾、紏”等。詳參《漢語大字典》②。發糾，為檢舉揭發之意。《後漢書·蔡邕傳》：“言事者因此欲陷臣父子，破臣門戶，非復發糾姦伏，補益國家者也。”③也說“糾發”。《後漢書·王暢傳》：“暢深疾之，下車奮厲威猛，其豪黨有釁穢者，莫不糾發。”④

18. ☑牛車一兩 五月己亥出（73EJT5：93）

按：本簡釋讀無誤，但圖版倒置，應垂直旋轉180度。

29. 十一月乙卯騂北卒斅以來☑（73EJT6：14A）

按：“斅”字，圖版作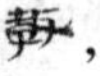，當即“敦”字。《武威漢簡》甲

① 甘肅省簡牘保護研究中心、甘肅省文物考古研究所、甘肅省博物館、中國文化遺產研究院古文獻研究室、中國社會科學院簡帛研究中心《肩水金關漢簡（貳）》，中西書局2012年。

② 漢語大字典編輯委員會《漢語大字典》（第二版·九卷本），崇文書局、四川辭書出版社2010年，第3582–3583頁。

③ （宋）范曄撰，（唐）李賢等注《後漢書》，中華書局1965年，第2002頁。

④ 《後漢書》，第1823頁。

本特性7及11“敦”作、①，武氏石闕銘作②，字形與之相近。

20. ☐關嗇夫持君視事以來一從書出入□事□（73EJT6：64A）

按：“出入”之後缺釋之字為“聞”。聞事，應為將某事告知他人之意。簡末之字似為“來”，但不能確定。

21. ☐用牛一黃犅犗齒七歲⊥　疾在後　十一月乙丑入（73EJT7：17）

按：“⊥”圖版作，疑為“出”字，與下文之“入”字對文。7：9“出”作，寫法相近。7：72“軺車一乘馬二匹”之“出”作，且書寫形式及位置與本簡“出”字相似，均處右下一隅，屬標注性質。

22. ☐卒黃宗丿　通望隊卒呂庇丿　☐

☐卒任奴丿　破適隊卒董輔丿　☐

☐卒樊抵丿　右櫜佗五人　次□☐（73EJT7：24）

按：據圖版，“奴”實作，當釋為“如”；“卒樊抵”前殘字為“隊（隧）”，漏釋。“卒黃宗”、“卒任如”之前均應有“××隊（隧）”，與“通望隊卒呂庇”等同例。本簡所見之通望、破適二隧及其與櫜佗候官之間的關係，可以補充以往對居延地

① 中國科學院考古研究所、甘肅省博物館《武威漢簡》，文物出版社1964年，摹本四：甲本特牲（一）。

② 徐中舒《秦漢魏晉篆隸字形表》，四川辭書出版社1986年，第217頁。

區候隧關係的探討。據陳夢家先生研究，橐佗候官下轄之隧有橐佗、吞胡、延壽、誠敖、莫尚①；日本學者永田英正在此基礎上增加了莫當隧石南亭、駮南驛②。本簡可補通望、破適二隧。適，通“敵”。卻適隧、執適隧等均如此。

23. 八月癸卯□張□□長□丞□移□☑

如律令（73EJT7：26A）

按：“移”前之字，疑為“府”。3：60 字或可參證。“府移”之語漢簡中多見，茲不贅舉。

24. ☑□所移書召博□（73EJT7：120）

按：“博”後之字，當為“詣”。釋文電子版原釋“詣”，是。金關簡中“詣”字右旁多作“百”（“旨”的異體），如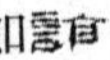（5：7）；或作“百”（“首”的異體），如（23：672）。本簡缺釋之字大致與後者相同。

25. 博直六十　鹽直☑　箕直廿　盆直廿☑　雞直七十　凡二百☑（73EJT8：29）

按：本簡中“箕”、“盆”為器物名，“鹽”亦與之相關，而“雞”與之不類，“博”則非為物名。據圖版，“博”、“雞”二字分別作、，當釋為“塼”和“雍”。“塼”為“磚”

① 陳夢家《漢簡所簡居延邊塞與防禦組織》，收入其著《漢簡綴述》，中華書局1980年，第95頁。

② （日）永田英正《簡牘所見漢代邊郡的統治組織》，收入其著《居延漢簡研究》（下册），廣西師範大學出版社2007年，第350頁。

（也作“甎”）的異體；“瓻”為“甕”的省寫，22：153“醬瓻一枚，直卅”，“瓻”作，字形相似。

26. 先豆隊卒黃宗（73EJT8：72）

按：“先豆隊（隧）”應為“先登隊（隧）”的訛寫。據釋文電子版，原釋“登”，是有道理的。居延漢簡、金關漢簡中只有“先登隧”而無“先豆隧”。金關漢簡中多將“癶”頭寫作“丷”，如（1：133）、（3：53）。本簡從圖版看，確為“豆”字，但實為“登”之省訛，建議採取括注的形式標明正字。

27. ☑虜入張掖郡界倉石伏虜隧以東積薪舉蓬通北郡界以北通報□□□☑（73EJT9：101）

按：“通北郡界以北”當釋為“通北部界止北”。“部”作，“止”作，字形清晰可辨。“北部”為候名，3：99、7：21、7：95等簡均可見“北部候長”。7：95、24：330“北部”之“部”分別作、，與本簡中的寫法相近。帛書《老子》作（老子乙前101上），亦可為證。“止北”為隧名，參居延漢簡52.19：“止北隧長居延累山里公乘葉道年廿八”。

28. 外人□親郭長卿君遣外人送莱外人失不喪檄叩頭唯長=卿厚恩（73EJT9：103A）

按：“□親”二字當釋為“叩頭”，本簡下半部分尚有“叩頭”二字可以參證。簡中“外人”為人名，三次出現均為自稱。7：195“完軍隧戍卒陳外人”，或即此人。

莱，圖版作。據裘錫圭先生《漢簡零拾》一文關於“梂櫝”的討論，此字當釋為“梂”①。可據改。

“長₌卿厚恩”，“卿”後重文號漏釋，當釋為“長₌卿₌厚恩”。

29. 居延鳴沙里董君至小奴賀　大☐（73EJT9：119）

按：“嗚”圖版作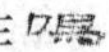，當釋爲“鳴”。據釋文電子版，原釋不誤，蓋係出版時造成的排版疏誤。

30. ☐郡滎陽宜秋里公乘☐（73EJT9：244）

按：“滎”圖版實作，應釋作“熒”。熒，通“滎”。金關簡中多見之。如 10：176、10：213、10：427 等簡均作“熒”，而釋文徑作“滎”，不妥。《肩水金關漢簡（貳）》中“熒陽”凡 10 見，無一處釋“滎陽”，處理方式可取。

31. ☐櫜他聖宜亭長張祿譚符　妻大女觻得安□　☐

☐□光二年……　弟大女……　☐（73EJT9：275）

按：“宜”前之字圖版作，實為“恒”。恒，小篆作，本簡中寫法與此相似。又，“弟”據圖版似為“婦”，但字跡不清，存疑。

32. 四斗佐主入……☐（73EJT9：296A）

按：“佐”字可疑。據圖版，當釋為“四斗斗一二出入”或

---

① 裘錫圭《漢簡零拾》，載《文史》第 12 輯，中華書局 1981 年，第 1–38 頁；並收入其著《古文字論集》，中華書局 1992 年，第 566–609 頁。裘先生觀點及出處承復旦大學出土文獻與古文字研究中心網站匿名審稿人教示，特此致謝。

“四斗斗一主人”，但句意均不通，存疑。

33. ☐麓年五十三☐（73EJT9：303）

按：“麓”圖版作，當釋爲“林剛”二字。剛，篆文作，帛書老子作（乙前73下）①。本簡字形與帛書老子中的寫法基本相同。11：23“剛”字作，亦與此略同。

34. 出麋小石五六斗　史田□□張掖傳馬二匹往來五日食積十五匹＝食四斗（73EJT10：78）

按：“傳”實作，左旁不甚清晰，當釋為“轉”。轉，通“傳”；轉馬，即“傳馬”。金關簡中多有將“傳車”寫作“轉車”者。如5：3“●元康三年六月己卯轉車入關名籍☐”、10：406“☐嗇夫為出關朌卒轉車兩人數得米□☐”、21：145“入居延轉車一兩大石二十五石”等。“傳、轉”二字同源，《釋名·釋宮室》：“傳，轉也，人所止息，而去後人復來，轉轉相傳，無常主也。”② 因此驛傳、傳舍、傳車、傳馬之“傳”實亦“轉”意。

35. 葆淮陽國陽夏北陽里公乘張不武年廿三長七尺二寸黑色☐（73EJT10：118A）

按：“武”字圖版作，當釋為“識”。23：605“要虜隧卒陳不識正月食”可證。“不識”並非人的真實名字，而是只知

① 《秦漢魏晉篆隸字形表》，第280頁。
② （漢）劉熙《釋名》，中華書局1985年，第86頁。

其姓而未詳其名者之稱。漢簡中或稱戍卒籍貫為某縣邑不審里，“不審”與“不識”均為“不詳”之意。

36. 甘露四年二月己酉朔丙辰南鄉嗇夫有秩過佐賴敢告尉史宛當利里公乘陳賀年卌二自言為家私市張掖居延案毋官獄徵事當為傳移過所關邑毋苛留尉史幸謹案毋徵事謹案年爵(73EJT10：121A)

按：“賴敢告”之“賴”，圖版作，當釋爲“贛”。10：120A“尉史贛”之“贛”作，寫法基本相同，右旁省訛近似“負”字。

37. 田卒魏郡廩丘曲里大夫充年卅姓宋氏 職 卩 (73EJT10：122)

按：“廩”，圖版實作，當釋為“庠”。庠，同“㡿”，今作“斥”①。《正字通·广部》：“㡿，斥本字。”《說文》小篆作，《漢語大字典》“㡿”字條下收列有（相馬經四上）、(居延簡甲516)、（魯峻碑陰）等。金關漢簡中多作“庠”形。21：195B“魏郡斥丘臨豪里大夫”，“斥”即作。斥丘屬魏郡在傳世文獻中也可以得到證明。《左傳·昭公二十八年》：

① 關於此字當釋為“斥”，已有學者指出，見馬孟龍《談肩水金關漢簡中的幾個地名》，《中國歷史地理論叢》2012年第3期。不過馬文認為圖版之字从“广”从“羊”，應隸定為“庠”，我們認為不甚確當。馬文觀點及出處承網友 simawenyuan 於復旦大學出土文獻與古文字研究中心網站所發拙文的評論區評論指出，謹此致謝。

“公如晉，次於乾侯。”杜預注：“乾侯在魏郡斥丘縣。”[①]《史記·惠景間侯者年表》有斥丘侯劉甯國，文帝四年封，景帝三年除。司馬貞《史記索隱》曰：“斥丘，縣，在魏郡。”[②]

38. ☐以食護府卒史徐卿所乘張掖傳馬二匹南北五日食日食四斗（73EJT10：147）

按：據圖版，“四”實為，當釋為“三”。本探方所出同類簡牘還有以下數枚：

出粟小石一石五斗 以食廷史田卿張掖卒史野凡三人往來五日食積十匹=食四斗（73EJT10：71）

出糜小石五六斗 史田□□張掖傳馬二匹往來五日食積十五匹=食四斗（73EJT10：78）

出粟小石十三石二斗 以食居延卒史單卿士吏得騎馬廿二匹=三日食=一斗（73EJT10：79）

出粟小石六石 以食廷史田卿乘張掖傳馬三匹往來五日食積十五匹=食四斗（73EJT10：83）

上述諸簡書寫格式相同，字體一致，應為同一人所書。據上述各簡可知，當時為“傳馬”、“騎馬”所給之食的數量並不是恆定的，當然多數為“匹食四斗”，但也有少於四斗的情況。因此本簡之“食三斗”亦屬正常。另外，10：78“積十五匹=食四斗”，據圖版，“食”後有重文符號“=”，漏釋。不過這個重

① 十三經注疏整理委員會《春秋左傳正義》，北京大學出版社2000年，第1713頁。

② （漢）司馬遷《史記》，中華書局1982年，第998頁。

文符號也許屬於一時之誤書，隨後之“四”字似欲將其遮蓋，但又遮蓋未盡。

39. 出粟小石六石　以食舛□等二人一月食☑（73EJT10：165）

按：“舛”實作，應釋為“卿”。參 10：87“張卿”、10：160“丁卿”等。

40. 淮陽西猛里公乘　尹自為年廿二歲丿　史刑年廿八歲丿　長七尺二寸黑☑（73EJT10：190）

按：“猛”實作，其左从“禾”，斷非“猛”字。因其右旁筆畫不甚清晰，暫不可識。

41. 方相車一騩牡☑（73EJT10：192）

按：據圖版，“牡”實為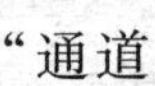，當釋為“牝”。9：46“牝馬”之可為其證。①

42. 元鳳五年十二月乙巳朔癸卯□□□□□乘敢言☑

謹移穀出入簿一編敢言之（73EJT10：203A）

按：缺釋五字實為四字“通道廄佐”，原釋“乘”者實作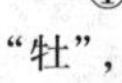，應釋為“讓”②。參 10：200“元鳳五年十二月乙巳朔癸亥

① 據釋文電子版，9：46“牝馬”及 10：324A“騅牝”之“牝”原皆釋為“牡”，出版前改訂為“牝”，是。後者字殘，作，右上有點，當為贅筆。

② 曹方向先生曾對本簡釋文作過訂補，將“□□□□□”改訂為“通道□□”，並疑“道”後之字為“廄”。見曹方向《初讀〈肩水金關漢簡（壹）〉》，簡帛網（http：//www. bsm. org. cn）2011 年 9 月 16 日。承簡帛網匿名審稿人教示，特此致謝。本文對曹文意見又有申補，故仍將拙見呈示於此。

通道廄佐敢言之謹移穀出入簿一編敢言之”及10：215“府佐予廄佐讓”。

另，本簡之“癸卯”當為“癸亥”或“癸酉”之誤書。元鳳五年十二月朔日干支為乙巳，十九日為癸亥，廿九日為癸酉，是月不可能有癸卯日（癸卯為乙巳後第五十九日）。10：200簡所釋“癸亥”，實亦作（癸卯）。整理者大概已發現“癸卯”與月朔干支不合，所以將其徑釋為“癸亥”。如此處理其實頗不可取。且10：200與10：203A性質相同（“卯”均係誤書）而釋讀方式有異，更顯不妥。建議仍按圖版釋為“癸卯”。

43. 室人馬無恙也願毋憂八月四日肩水卒史徐贛歸
為事驚家室往來道中耳侍從者即不可得也甯願
欲以人事式來過即可得也不以九月中還即不得（73EJT10：208）

按：末行釋文之“過”、“還”，實皆為“歸”，與首行末字“歸”寫法完全相同。圖版字形如下：

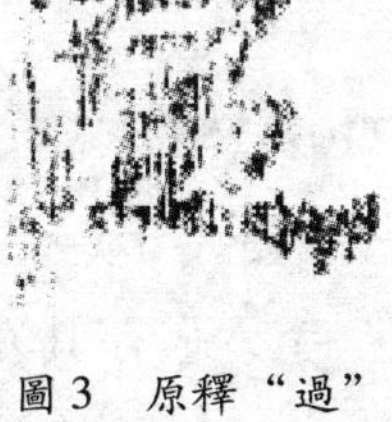

圖3　原釋“過”

圖4　原釋“還”

圖5　原釋“歸”

上三字均為“歸”的異寫：左从“阝”，右从“逯”，可以視為“陦”與“逯”的糅合。陦、逯，均為“歸”的異體。《龍龕手鑒·阜部》：“陦，音歸。”《漢語大字典·阜部》：“陦，同歸。”《字彙·辵部》：“逯，即歸字。周宣王《石鼓文》：‘舫舟西逯。’”

另，首行“室”前之字殘存下緣，細辨之，可釋為“家”字，下行“家室”亦可為證。第二行“為”圖版作，似應釋為“得”。“得”字本簡中另有三例，分別作、、（後二例左殘），字形相近。第二行第二字“事”，圖版作，應釋為“單”。單，或為“憚”之借字。單驚家室，即驚擾家室之意。

44. □□丞葆同里大夫王威年廿七歲黑色☐（73EJT10：245）

按：簡首缺釋之字為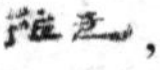，當釋為“循孟”。9：149“孟建循”，“孟”作，“循”作，字形相近，可作參考。

45. 十一月辛卯卒力卿一斗未☐（73EJT10：250A）

按：“力”圖版作，實為“少”。“少卿”之名金關簡中多有所見，10：291“少孫”之“少”作，寫法與此基本相同。

46. ☐□長七尺二寸黑色·正彊☐（73EJT10：255）

按：據有關文例，“長七尺二寸”前一般為“年××”或“年××歲”。本簡“長”前之殘字正是“歲”字，僅存其左下角。

47. 入穀小石六百八十一石五斗☐（73EJT10：277）

按："五"圖版作，字形清晰，頗似"之"字，實應釋為"六"。10：312A"五鳳元年六月"之"六"作，可以參證。

48. 田子文卅三一　　翟偉君卅三一　　徐君卿廿五一

宋子山廿五一　少八　孫長卿卅三一

郭子高卅三一　　秦子都卅三

□□□廿三一　　薛君卿廿五一　　凡三百一十四

中子　　吳君房　　·大凡四百廿六

君實　　趙君房

孫子都　　逢丘翁君

曹子惠

韓子山　　八人＝十四凡百一十二人百四又十少一（73EJT10：314）

按：本簡共分六欄，前三欄與後三欄之間以橫線相隔。前三欄入錢小計"三百一十四"；隨後二欄入錢小計"百一十二"。二者總計"四百廿六"，書於第三欄。在用語上，"凡"指小計，"大凡"指總計，區別明顯。

明確以上關係後可知，原釋"八人＝十四凡百一十二人百四又十少一"，後一"人"字和後一"十"字分別為"入"和"七"的誤釋。全句應釋讀為"八人，人十四，凡百一十二；入百四，又七，少一”，意為“中子”等八人，每人應交十四，合計一百一十二；實收一百零四，加七，計一百一十一，較應收數少一。

又，前三欄小計數“三百一十四”係田子文、宋子山等九人所入錢數之和，但總分數字不合。“□□□廿三”，“廿”當爲“卅”，左殘；“薛君卿廿五”，“廿”亦當爲“卅”。但即使如此，各數之和仍少於小計數字。未知何故，暫存其疑。

49. ☐以食從史☐（73EJT10：322）

按：本簡文字雖有剝蝕，但字形基本清楚。原釋“從”者實作，應釋為“御”。據電子版，原釋“御”，不誤。10：311“御史張卿”之“御”作，可證。

50. ☐張氏迺建昭元年三月六□□☐（73EJT10：373）

按：本簡文字較模糊，“六”後之字為“日”，筆畫較明顯。其後似為“坐”字，存疑。

51. □五

☐·大凡六千七百卌今七千　入☐（73EJT10：414）

按：簡右上角尚有“八十一”三字，漏釋。“今”實為“合”。

52. ☐……☐（73EJT10：517A）

☐具□☐（73EJT10：517B）

按：本簡紅外線圖版 A、B 面排印有誤，與釋文不合，應互換位置，且均應垂直旋轉 180 度。互換並旋轉後，A 面釋文可改訂為“……津關……”，B 面釋文不變[①]。調整前後的圖版及釋文見圖6、圖7：

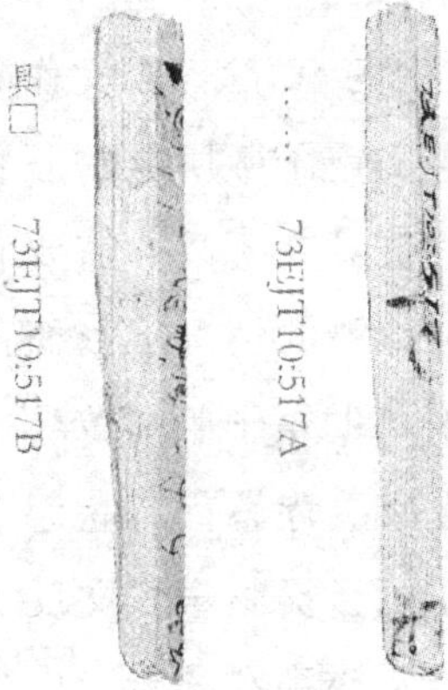

圖6　原圖版及釋文

圖7　改訂後的圖版及釋文

關於 A 面補釋的“津關”二字，試作如下比證：

圖　版				
簡　號	EJT10：517	EJT10：210A	EJT10：313A	EJT26：87
釋　文	擬釋爲“津關”	津關	津關	津關

① 該簡彩色圖版 A、B 面位置正確，但亦須上下倒置，且 A 面還須左右反轉。此外，“具”字其實仍可疑，因不能確釋，姑仍其舊。

此外，“津關”二字之前當為“道”字。金關簡中有“過所河津關”、“過所縣道河津關”、“過所縣道津關”等文例，可以為證。但因字形殘損，未敢確認。

以上對《肩水金關漢簡（貳）》中的50餘例釋文作了訂正和補充。其中5例，我們的意見與釋文電子版所見的原有釋文是一致的，正式出版時改定的結果我們認為不妥。需要說明的是，我們所作的校訂是在未受電子版影響的情況下依據正式出版的圖版及釋文進行的，至成文時因藉助電子版轉錄釋文，才發現這幾例校訂與原有釋文相合。這種“背靠背”狀態下的不謀而合，實際上起到了相互證明的作用。從該書釋文反復改訂的過程，可以看出簡文識讀之不易以及該書釋讀者、出版者的審慎態度及求實精神，這是值得我們敬仰和學習的。本文雖對該書釋文提出了上述校訂意見，但絲毫沒有貶損其學術價值的意味。校書如掃落葉，旋掃旋生，更何況面對兩千年前的斷簡殘編，校釋之難，可想而知，百密一疏，實難盡免。謹此略表芹意，深望鑑之。

讀漢簡札記四則

魏振龍*

摘　要：自羅振玉、王國維先生《流沙墜簡》一書訖，簡牘學的研究與發展已逾百年，並逐漸成為一門國際顯學。時至今日，隨著科技的日益進步和出版印刷水平的顯著提高，大量精美而清晰的簡牘圖版、釋文相繼刊印面世，這對於簡牘學的研究者與學習者來說無疑是一件極大的幸事。作為簡牘學的初學者，筆者將近日所研讀西北漢簡之一些筆記揀擇一二，權作讀書心得，以見教於方家。

關鍵詞：肩水金關漢簡；馳道；居延都尉德；甲渠候

* 魏振龍，西北師範大學歷史文化學院簡牘學研究所 碩士研究生 蘭州 730070。

一、釋文及紀年校訂

（一）改釋二則

《肩水金關漢簡（壹）》① 中有兩枚簡的釋讀存在疑問，現改釋如下。

1.《金關（壹）》73EJT10：89 號簡載：

其二百八石八斗五升粟

今餘穀五百卌九石四斗

三百卌石一斗九升穈

此簡所記是與穀物有關的簿籍類文書，釋文“五百卌九石四斗”有誤，應將“斗”改釋為“升”。漢簡中“斗”與“升”寫法頗相近，但原簡圖版很清楚，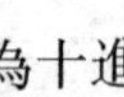（升）字橫畫出頭且“丿”畫穿過橫畫，並非“斗”字。此外，根據後兩句釋文“其二百八石八斗五升粟，三百卌石一斗九升穈”，兩者數字相加所得之和應為“五百卌九石四升”而非所謂“五百卌九石四斗”。漢制，“石”與“斗”之進制為十進制，《説苑·辨物篇》載：“十斗為一石。”②

① 甘肅簡牘保護研究中心、甘肅省文物考古研究所、甘肅省博物館、中國文化遺產研究院古文獻研究室、中國社會科學院簡帛研究中心編：《肩水金關漢簡（壹）》，上海：中西書局，2011 年。

② （漢）劉向撰，向宗魯校證：《説苑校證》，北京：中華書局，1987 年，第 454 頁。

2.《金關（壹）》73EJT10：356號簡載：

☐一石四斗粟☐

☐一石四升麥☐

該簡與上簡類似，應將第二句釋文“一石四升麥”之“石”字改釋為“斗”字，原簡圖版中很清晰的可以看出此處應為（斗）而非“石”。

（二）紀年校訂一則

《肩水金關漢簡（肆）》① 中有這樣一枚紀年簡，如下：

建始五年三月辛朔乙巳令史譚敢言軺車一乘謁移過所縣道河津關毋苛☐　　73EJT37：164

該簡“建始五年三月辛朔乙巳”處地支闕文，建始為漢成帝年號，此年號只有四年，簡文言“建始五年”當為“河平元年”（前28年），之所以出現年號誤用的現象，是由當時邊塞地區信息傳遞滯後所致。查陳垣《二十史朔閏表》（中華書局，1962年），河平元年（前28年）三月朔日為辛丑，故此處所缺地支為“丑”，則三月乙巳為三月三日。

二、“得行馳道旁”

《肩水金關漢簡（肆）》73EJT37：763號簡有載：

① 甘肅簡牘博物館、甘肅省文物考古研究所、甘肅省博物館、中國文化遺產研究院古文獻研究室、中國社會科學院簡帛研究中心編：《肩水金關漢簡（肆）》，上海：中西書局，2015年。

(1) 署從署得行馳道旁孝文皇帝二年正月丙子下

從內容來看，該簡應屬於漢文帝所下的一道詔令。由於河西漢簡的紀年範圍絕大部分是西漢中後期至東漢初，加之這枚簡出土於肩水金關，故該簡所言當屬後世追述孝文皇帝所下之此詔。

檢索"得行馳道旁"或"馳道"等詞條，得到以下諸簡：

(2) ●比於節。有敢妄罵詈毆之者比逆不道。得出入官府、郎第行馳道旁道。

市賣「復毋所與 」 《王杖十簡》：5[1]

(3) 得出入官府節弟行馳道中列肆賈市毋租比山東復(正面)

《散簡》：152[2]

(4) 騎作乘輿御騎馬於它馳道若吏徒☐

《龍崗秦簡》：189[3]

(5) 敢行馳道中者皆䙴之其騎及以乘車軺車☐

《龍崗秦簡》：179

馳道者，即皇帝專用的御道。《史記·秦始皇本紀》：二十

---

① 甘肅省博物館、中國科學院考古研究所編著：《武威漢簡》，北京：文物出版社，1964年，第140頁。

② 李均明、何雙全編：《散見簡牘合輯》，北京：文物出版社，1990年，第16頁。

③ 劉信芳、梁柱編著：《雲夢龍崗秦簡》，北京：科學出版社，1997年，第23頁。

七年，“治馳道”，集解引應劭曰：“馳道，天子道也，道若今之中道然。”又《漢書·賈山傳》曰：“秦為馳道於天下，東窮燕齊，南極吳楚，江湖之上，濱海之觀畢至。道廣五十步，三丈而樹，厚築其外，隱以金椎，樹以青松。”[①] 漢初，襲秦舊，天子馳道，即便是太子亦不能橫越。《漢書·成帝紀》載：“上嘗急召，太子出龍樓門，不敢絕馳道……乃著令，令太子得絕馳道云。”[②] 禁馳道行馳，明定於律令。《漢書·江充傳》注如淳引：“令乙，騎乘車馬行馳道中，已論者，沒入車馬被具。”[③] 此外，經過特別准許者得行馳道旁，亦見令。《漢書·鮑宣傳》注如淳引：“令諸使有制得行馳道中者，行馳道旁，無得行中央三丈也。”[④] 但是，漢制雖言除皇帝外之他人不得橫越道馳道及旁道，但有漢一代卻經常發生違制之事。《三輔黃圖》引《漢令》同，惟下多“不如令，沒入其車馬”。《漢書·江充傳》、《翟方進傳》及《鮑宣傳》等所記公主、丞相司直翟方進及丞相孔光皆因違令行馳道中，沒入其車馬。由此可知，漢之馳道中寬三丈，有旁道，諸使有制始得行旁道。由於下多不如令，漢後世

① （漢）司馬遷：《史記》卷六《秦始皇本紀》（點校本二十四史修訂本），北京：中華書局，2014 年，第 310–311 頁。

② （漢）班固：《漢書》卷九《成帝紀》，北京：中華書局，1962 年，第 301 頁。

③ （漢）班固：《漢書》卷四十五《蒯伍江息夫傳》，北京：中華書局，1962 年，第 2177 頁。

④ （漢）班固：《漢書》卷七十二《王貢兩龔鮑傳》，北京：中華書局，1962 年，第 3095 頁。

常人誤入馳道中，對於犯禁者的懲罰亦較輕，《鹽鐵論·邢德篇》曰："今馳道不小也，而民公犯之，以其罰罪之輕也。"①

簡（2）是《王杖十簡》之第5號簡，該簡冊由十簡構成，内容是記載西漢宣、成二帝關於高年賜王杖兩份詔書和受杖老人受辱之後裁決犯罪者案例以及墓主人受王杖的行文等。此簡意為受王杖者以其杖比於使節，故亦得行旁道也。據此，簡（1）所言很有可能是漢文帝二年（前143年）所下的有關允許從署（諸使）得行馳道旁道的一道詔令。至於這年二月中，文帝所下是何詔令，因簡文内容有限，不足以提供更多信息，故無從得知。從傳世文獻來看，漢文帝二年（前143年）正月所下之詔令見於記載的唯有如下之文，《漢書·文帝紀》載：

> 春正月丁亥，詔曰："夫農，天下之本也，其開藉田，朕親率耕，以給宗廟粢盛。民讁作縣官及貸種食未入、入未備者，皆赦之。"②

此詔是關於文帝勸課農桑的記錄，簡（1）同屬本年文帝所下之詔令，但傳世史料未有記載，卻為漢簡所記並被今人所識，這亦可算作出土簡牘對傳世文獻之補充，只可惜僅是片段式的記錄，更無與此相關聯之簡文對照，故難曉其全意，否則其史料價值將更大。

---

① 王利器校注：《鹽鐵論校注》，北京：中華書局，1992年，第566頁。

② （漢）班固：《漢書·文帝紀》，北京：中華書局，1962年，第117頁。

三、居延都尉德任期問題再探討

關於居延都尉德的任期問題，李鈞明、劉軍二位先生已在其文章《居延漢簡居延都尉與甲渠候人物志》[①] 中做出了相關探討並對其任職時間做出了一定的判斷，认为“居延都尉德任期的最早年號是五鳳三年，最晚年號為甘露二年，其任期上、下限當沿着這兩個年號往相反方向延伸。”[②] 二位先生主要以新、舊居延漢簡為核心材料，通過一一排列與類比得出此論，其簡文佐證如下：

（1）五鳳三年十月甲辰朔甲辰居延都尉德丞延壽敢言之甲渠候漢彊書言候長賢日積三百廿一日以令賜賢勞百六十日半日謹移賜勞名籍一編敢言之

《合校》159·14[③]

（2）甘露□□□月丁亥朔□寅將屯居延都尉德謂甲渠塞候都尉以功次遷爲甲渠候長今遣壽之官[④]

《合校》40·2A

① 李均明、劉軍：《居延漢簡居延都尉與甲渠候人物志》，《文史》第36輯，北京：中華書局，1992年。

② 李均明、劉軍：《居延漢簡居延都尉與甲渠候人物志》，《文史》第36輯，北京：中華書局，1992年。

③ 謝桂華、李均明、朱國炤：《居延漢簡釋文合校》，北京：文物出版社，1987年。

④ 按：簡文此處僅有“甘露”年號與朔日，年月闕文，查陳垣《二十史朔閏表》，甘露年號中只有二年九月為丁亥朔，故此簡當屬甘露二年簡，即公元前52年，詳見陳垣著：《二十史朔閏表》，北京：中華書局，1962年。

(3) ☑居延都尉德☑

《合校》85 · 8

(4) ☑居延都尉德謂甲渠塞□□寫移書到驗問

如律令　掾仁☑

《新簡》EPT5：152①

(5) ☑居延都尉德☑

延延丞☑

《合校》478 · 16

(6) 五月甲戌居延都尉德庫丞登兼行丞事下庫城倉☑

用者書到令長丞候尉明白大扁書鄉市里門亭顯見☑

《合校》139 · 13

(7) 居延都尉德丞延壽以令增就勞百七☑

《新簡》EPT56：199

(8) 四月己亥居延都尉德城騎千人慶兼行丞事下居延農承

《新簡》EPT56：33

(9) ☑居延都尉德城騎千人慶兼☑　《新簡》EPT51：556A

(10) 五月丙寅居延都尉德庫守丞常樂兼行丞事謂甲渠塞候寫移書到如大守府書律令　/掾定守卒史奉親

《新簡》EPT51：190A

---

① 肅省文物考古研究所、甘肅省博物館、文化部古文獻研究室、中國社會科學院歷史研究所編：《居延新簡——甲渠候官與第四燧》，北京：中華書局，1990年。

(11) 居延都尉德丞博謂甲渠塞☑

《合校》267·5

(12) ☑延都□德謂甲渠塞候移觻得令建書曰延壽同里楊合衆病死猛爲居延甲渠候長願以令取寧☑

《新簡》EPT59：53、54

上述12枚簡便是新、舊居延漢簡中對於居延都尉德的記載，從有明確紀年的簡（1）和（2）可知，李、劉二先生所言“德”擔任居延都尉一職的上、下限當沿着“五鳳三年”與“甘露二年”這兩個年號往相反方向延伸是很有道理的。二位先生之所以做出此論斷，從根本上來講還是以現有材料為主要依據，然其不能精確斷定居延都尉德的任期上下限亦是因為現有漢簡材料的有限与缺失所致，在沒有新的簡文材料出現的情況下，我們只能遵從這樣的論斷。

隨着《肩水金關漢簡》的公佈和出版，使我們在對以往舊問題、老問題的研究和探討上有了新的材料依據。同樣，對於居延都尉德的任期問題，《肩水金關漢簡（壹）》為我們提供了新的簡文證據，使其任職上限繼續往前推進一步。《肩水金關漢簡（壹）》中有這樣一條簡文：

(13) 五鳳元年八月丁亥朔甲午居延都尉德謂□□□□☑
73EJT2：44

此簡有明確紀年，即五鳳元年（前57年），這將之前李均明、劉軍二位先生所判斷之居延都尉德任期五鳳三年（前55年）的上限往前推進了三年。因此，居延都尉德的任期便可以由李、劉二先生之所謂簡文所見“居延都尉德任期的最早年號是五鳳三年"更進一步明確為"德"擔任居延都尉一職的上限應為五鳳元年或沿着此年號繼續往前延伸。至於居延都尉德任期的下限，由於沒有更多簡文資料加以佐證，故暫從二位先生的論說，即甘露二年（前52年）當為居延都尉德任期所見簡文之最晚年號，其下限應沿此年號往後延伸。

四、關於候粟君是否為甲渠候的思考

居延漢簡冊書《候粟君所責寇恩事》關於主人公之一候粟君的記録有一個疑點，即候粟君是否為甲渠候。此前，前輩學者們無一例外的認同候粟君的身份即是甲渠候，但從筆者的思考來看，候粟君為甲渠候這一觀點實有很多值得商榷的地方。

（一）建武三年間甲渠候職任情況探析

《候粟君所責寇恩事》簡冊共36枚簡，其出土地點為破城子F22遺址，内容為一民事訴訟案件，由三份爰書，一份來函和一份卷宗標題楬組成，記載了東漢光武帝建武三年十二月候粟君與客民寇恩二人訴訟案件的始末。此中，寇恩的身份是明白無誤的，如EPF22：3號簡所載："……潁川昆陽市南里年六十六歲姓寇氏……"① 是一個來自中原的客民②。但就候粟君之

① 甘肅省文物考古研究所、甘肅省博物館、文化部古文獻研究室、中國社會科學院歷史研究所編：《居延新簡——甲渠候官與第四燧》，北京：中華書局，1990年，第475頁。

② 客民，依肖亢達先生之意為"外地遷來居延的人戶"，詳見肖亢達：《"粟君所責寇恩事"簡冊略考》，《文物》1978年01期，第33頁。

身份而言，卻存在一個較大的疑問。此冊書中雖言及其名姓謂之“候粟君”，但此處之“候”是否就一定是候官之候呢；或曰，即使粟君為候官候，能否斷定其確為甲渠候而非其他候官之候。對於前者之疑問，日本學者鵜飼昌男先生在其文章《建武初期河西地區的政治動向》末尾提出，但未做出回答。“《候粟君所責寇恩事》冊書中的‘候粟君’和‘甲渠候張獲’之間的關係對‘候粟君’是‘甲渠候’之質疑?”① 其後，臺灣學者羅仕傑先生就鵜飼昌男之提問做出相應解釋，肯定了“候粟君”即為“甲渠候”②。

依前輩專家學者例，候粟君為甲渠候這一說法如若定性，則會產生一個較大的誤解。因《候粟君所責寇恩事》明言該冊書的紀年為建武三年（27 年），則粟君為甲渠候之任期亦當在此紀年之內。然據 F22 遺址所出之另外一枚簡文記載來看，建武三年（27 年）期間擔任甲渠候一職者另有其人，該簡如下：

（1）建武三年十二月癸丑朔丁巳甲渠鄣候獲叩頭死罪敢言之

《新簡》EPF22：187A

隨着此簡的面世，一個較大的誤解便隨之產生，即建武三

① （日）鵜飼昌男著、何雙全譯：《建武初期河西地區的政治動向》，《簡牘學研究》第二輯，蘭州：甘肅人民出版社，1997 年，第 232 頁。

② 羅仕傑先生認為候粟君與張獲在建武三年期間因不同的政治原因頻繁的擔任甲渠候一職，此說有欠考慮，具體情況將在後文詳及。

年（27 年）甲渠候出現了一職二任的情況，且同為該年十二月[①]。這種情況的出現令人費解，但也有學者給出了一定的解釋。羅仕傑先生經過考證後認為“粟君”與“獲”為不同的兩個人，且因不同的政治原因先後頻繁的擔任甲渠候一職[②]。這種說法是否合理暫且不論，但是對於建武三年（27 年）前後甲渠候之職任情況，我們很有必要做一番探討。

陳夢家先生曾依據居延舊簡之簡文概括歸納出 4 位居延都尉和 11 位甲渠候[③]；其後，李均明先生在陳的基礎上，綜合居延新、舊簡摘錄出 15 位居延都尉，25 屆共 23 位甲渠候[④]。對於建武三年（27 年）前後擔任甲渠候一職者，陳夢家先生未列出，李均明先生所列之甲渠候正是這位叫“獲”的人[⑤]。為方便起見，茲將“獲”任甲渠候的情況作一說明。關於“獲”的簡文除簡（1）外記載頗多，現將其逐錄如下：

---

① 《候粟君所責寇恩事》中簡 EPF22：1 有言“建武三年十二月癸丑朔乙卯……”，查陳垣《二十史朔閏表》，“十二月乙卯”當為十二月初三日；簡（1）言“建武三年十二月癸丑朔丁巳……”，則此紀年應為 27 年 12 月 5 日。兩者日期僅相差兩日，且《寇恩冊》後文還有“戊辰爰書”，即 27 年 12 月 16 日。由此便出現了 27 年 12 月 3 日粟君為甲渠候、5 日張獲為甲渠候、16 日粟君又再一次成為甲渠候的奇特現象，這種頻繁程度幾乎不可能發先生在漢代邊塞的前線。因為，候官在漢代邊郡的防禦與戍守任務中擔任着重要的角色，如此頻繁的更換長官對於邊塞候望系統的正常運行只能起到極大的消極作用。

② 羅仕傑：《候粟君與甲渠候張獲關係考辨》，《簡牘學研究》第二輯，蘭州：甘肅人民出版社，1997 年，第 241 頁。

③ 陳夢家：《漢簡綴述》，北京：中華書局，1980 年，第 47 頁。

④ 李均明、劉軍：《居延漢簡居延都尉與甲渠候人物志》，《文史》第 36 輯，北京：中華書局，1992 年。

⑤ 李均明、劉軍：《居延漢簡居延都尉與甲渠候人物志》，《文史》第 36 輯，北京：中華書局，1992 年。

(2) 甲渠鄣候敦煌廣至□□慶里張獲秩六百石

《新簡》EPT65：104

(3) 新始建國地皇上戊三年十一月丁丑朔甲申甲溝鄣候獲叩頭

《新簡》EPF22：273A

(4) 督蓬掾 敢言之第廿四隧長王陽從故候張獲謹

《新簡》EPF22：283

(5) 更始二年七月癸酉朔己卯甲渠鄣守候獲敢言之府書□□□

被兵簿具對府●謹移應書一編敢言之

(墨蹟多半剝落，此據侵蝕痕蹟釋文)

《新簡》EPF22：455

(6) 漢元始廿六年十一月庚申朔甲戌甲渠鄣候獲敢言之

謹移十月盡十二月完兵出入簿一編敢言之

《新簡》EPF22：460A

(7) ☐年八月乙卯朔癸亥甲渠鄣候獲敢言之謹移守

《新簡》EPF22：532A

(8) 鄣候獲守尉☐

《合校》76·15

從以上簡文資訊可以看出這位甲渠候姓張名獲，籍貫為“敦煌廣至□慶裏”。從簡（2）-簡（8）可知，張獲在新始建國地皇上戊三年至建武三年期間均擔任甲渠候一職，但要具體弄清其任期的起訖年代，還需要以下兩簡來印證：

(9) 新始建國地皇上戊三年八月己酉朔戊辰甲溝守候陽謂

《新簡》EPF22：380A

（10）建武四年十一月戊寅朔乙巳甲渠鄣守候博叩頭死罪

《新簡》EPF22：126A

簡（9）中地皇三年八月時甲渠守候為陽，簡（10）則為博，由此可證甲渠候張獲的任期上限為地皇三年，下限為建武四年，即公元23年—公元28年。依據李均明先生的整理，張獲並非在公元23年—公元28年期間完全擔任甲渠候一職，在更始二年（24年）到建世二年（26年）間分別是由兩個叫循和誠的人擔任甲渠守候一職。出現這種情況，很可能與當時政權的劇烈更迭有一定的關係。張獲再一次擔任甲渠候亦是在竇融歸附劉秀之後，因此才會出現張獲任甲渠候中斷的現象。

（二）前輩學者觀點述評

既然建武三年（27年）前後甲渠候一職是由張獲擔任的，那麼何以會出現候粟君與張獲同時任職於甲渠候的這種亂象呢？前輩專家學者們在承認候粟君為甲渠候的前提下做出了如下解釋。

1. 二者犬牙交錯地任職於甲渠候

對於此種看法，從以下幾簡便可清楚粟君與張獲擔任甲渠候一職犬牙交錯至如何程度了。

（11）爰書驗問恩辭曰潁川昆陽市南里年六十六歲姓寇氏去年十二月中甲渠令＝史①

《新簡》EPF22：3

① 據《建武三年十二月甲渠候粟君所責寇恩事》簡冊推斷，此處之“去年十二月”即為建武二年（26年）十二月。

（12）☑年八月乙卯朔癸亥甲渠鄣候獲敢言之謹移守

《新簡》EPF22：532A

（13）建武三年十月乙亥甲渠候君移過所遣城北隧長

《新簡》EPT26：1

（14）建武三年十二月癸丑朔丁巳甲渠鄣候獲叩頭死罪敢言之

《新簡》EPF22：187A

由上所列，在建武二年十二月時甲渠候是由"粟君"擔任的，而在建武三年（27年）這一年中，甲渠候官的職任情況是八月份由張獲擔任；十月份由粟君擔任；而十二月份又是由張獲擔任的。可以看到，在此間粟君與張獲圍繞甲渠候一職頻繁置換，而且時間極短。羅仕傑認為"粟君"去職後由"張獲"擔任甲渠候的原因則是"自八月起，粟君因忙於與寇恩的訴訟，必須往來於居延縣庭及都尉府，所以必須交出甲渠候官的領導權"①。這個解釋看似合理，但卻牽強有餘。在這件訴訟案中，粟君為原告方，寇恩是被告方，且該案件是一民事訴訟案件，粟君不會因此而暫時離開甲渠候官的領導職位。這其中有一個關鍵性的問題，即"候君"是否就一定是指"候粟君"。如果認定候粟君就是甲渠候，則前輩學者無可辯駁地默認了這一觀點。依筆者來看，關於"候君"與"候粟君"是否對等尚不可就此定論，此間還存在較大的疑問，以期日後新出之史料待為佐證。

① 羅仕傑：《候粟君與甲渠候張獲關係考辨》，《簡牘學研究》第二輯，蘭州：甘肅人民出版社，1997年，第241頁。

2. 河西地區政治動蕩不安造成二者職位的頻繁置換

東漢初年，主宰河西者為竇融。《後漢書·竇融列傳》載：

融於是日往守萌，辭讓巨鹿，圖出河西。萌為言更始，乃得為張掖屬國都尉。融大喜，即將家屬而西。即到，撫結雄傑，懷輯羌虜，甚得其歡心，河西翕然歸之。①

竇融在考量了兩漢之際的政治鬥爭形勢後由河北轉而向西，駐足河西，先歸於更始政權，之後又附於隗囂，並最終臣服於後漢光武帝劉秀。兩漢之際，雖然中原東部之地群雄逐鹿、動蕩不已，但是河西地區由於地理位置的關係，遠離戰區，所受戰禍影響較小。加之在竇融領有河西五郡之後所採取的一系列安定措施，使得河西之地殷富安和、政事升平。又《後漢書·竇融列傳》言：

河西民俗質樸，而融等政亦寬和，上下相親，晏然富殖。修兵馬，習戰射，明烽燧之警，羌胡犯塞，融輒自將與諸郡相救，皆如符要，每輒破之。②

竇融在河西主政期間，內行寬仁之政，外禦羌胡之擾，河西完富，安定有餘。在這樣的和平富庶局面下，因政治原因而出現甲渠塞候官的頻繁置換實在有違常理。再者，李均明先生在對甲渠候做相關整理時，未將候粟君列入甲渠候人物志中，

① （南朝·宋）范曄：《後漢書》卷二十三《竇融列傳》，北京：中華書局，1965年，第796頁。

② （南朝·宋）范曄：《後漢書》卷二十三《竇融列傳》，北京：中華書局，1965年，第797頁。

或許先生對於候粟君之甲渠候身份也有所保留意見[1]。同樣，李振宏先生在其著作《居延漢簡人名編年》[2] 中不僅沒有提到候粟君（或粟君）為甲渠候一事，甚至沒有候粟君的任何文字記錄，不知先生在編撰此書時做過何等考慮。

《候粟君所責寇恩事》是居延漢簡中十分重要的一份冊書，對於簡牘學和秦漢史的研究具有重大的文獻價值。就其目前研究的狀況來看，這份簡冊仍然具有很大的空間，還有很多疑惑和問題值得我們去研習。本文所述及的這一問題僅僅是此冊中較小者之一，問題雖小，但足以讓我們好好學習研究一番。究竟候粟君是否為甲渠候，通過筆者以上的思考和論述來看，雖不能完全否定候粟君甲渠候的身份，但通過考證發現，候粟君不是甲渠候的可能性非常大。由於在建武四年後之簡文中再未出現對候粟君的記載，建武三年以前對於候粟君的簡文記錄亦幾乎沒有，所以缺乏足夠的證據，因此本文對於候粟君非甲渠候的看法近乎推測，或有闕漏，為方家所見笑。

① 李均明先生對25屆23位甲渠候做了相關整理，但是未將候粟君列入甲渠候名錄，建武三年（27年）期間所列甲渠候即為張獲，筆者在此對李先生的猜測或許有誤，謹受教。詳見李均明、劉軍：《居延漢簡居延都尉與甲渠候人物志》，載《文史》第36輯，中華書局，1992年。

② 李振宏、孫英民先生之巨著《居延漢簡人名編年》廣泛收錄了居延漢簡中所出現之人物，並對其做了一定的考證，但遍閱該書，筆者確未發現有關候粟君（或粟君）的記錄，參看李振宏、孫英民：《居延漢簡人名編年》，中國社會科學出版社，1997年。

簡帛醫藥文獻詞語二題

周祖亮*

摘 要： 簡帛醫藥文獻詞語古樸、形式多樣，具有鮮明的行業特點與時代特徵。通過對“治藥”的辨析以及“豆”類藥物名稱表達形式的比較，從微觀角度反映簡帛醫藥文獻的詞語特點與醫書的時代特徵。

關鍵詞： 簡帛醫藥文獻；詞語；治藥；豆

一、說“治藥”

筆者在研讀簡帛醫書時，發現幾處“治藥”，醫書釋文如下：

（1）壹治藥，足治病。藥巳（已）治，裹以繒臧（藏）。冶林（朮），暴（曝）若有所燥，冶。（馬王堆《五十二病方》28～29行）

* 周祖亮，廣西中醫藥大學基礎醫學院 副教授 廣西南寧 530001。

（2）壹治藥，足治病。藥巳（已）治，裹以繒臧（藏）。治林（朮），暴（曝）若有所燥，冶。（《里耶秦簡》8-1243簡）

（3）治目恿（痛）方：以春三月上旬治藥，曾青四兩，戠（戎）鹽三兩，皆冶，合，以乳汁和，盛以銅器，以傅目。（《武威漢代醫簡》16 簡）

以上三則醫方釋文，雖然分屬於三種不同的醫書，但是例（1）、（2）實際上是同一個醫方。前兩例僅個別文字稍有不同，如例（1）的“冶林（朮）”在例（2）中作“治林（朮）”。然而《馬王堆漢墓帛書〔肆〕》將例（1）釋文中的“壹治藥”隸作“壹冶藥”，“藥巳治”隸作“藥巳冶”，“冶林（朮）”隸作“治林（朮）”[①]。《長沙馬王堆漢墓簡帛集成》綜合各家意見對此作了更正[②]。例（2）的原釋文有幾處文字誤釋或未釋，如將“壹”隸作“㥯”、“林（朮）”隸作“椓”、“裹以繒臧（藏）”作“裹□繪臧（藏）”。陳偉先生主編的《里耶秦簡牘校釋》[③]與筆者的《簡帛醫藥文獻校釋》[④] 均作了訂正。對於例（3）的

① 馬王堆漢墓帛書整理小組《馬王堆漢墓帛書〔四〕》，文物出版社，1985年，頁29。

② 裘錫圭主編《長沙馬王堆漢墓簡帛集成〔五〕》，中華書局，2014 年，頁220。

③ 陳偉主編《里耶秦簡牘校釋》（第一卷），武漢大學出版社，2012 年，頁298-299。

④ 周祖亮、方懿林《簡帛醫藥文獻校釋》，學苑出版社，2014 年，頁 447-448。

“治藥”，研究者的理解也不盡一致。如陳國清先生認爲，此處“治藥”當讀作“冶藥”，即把藥物研成細末[①]。

我們認爲，根據《五十二病方》文意與里耶秦簡、武威醫簡的相關醫方可知，馬王堆《五十二病方》的“治藥”是指製作藥物，“藥已治”是指已經對藥物進行了加工，其中“治”即製作，不必讀作“冶”，也不是“冶”的誤寫。原帛書整理者大概是誤解了醫方原意，認爲“治”讀作“冶”，然後直接寫作“冶藥”和“藥已冶”。而且，在簡帛醫書其他段落中，並沒有“冶藥”的詞語用例。

下面需要討論的是，例（1）、（3）的兩處“治藥”，爲何原整理者與研究者均認爲當是“冶藥”？究其原因，主要是在簡帛醫藥文獻中，表示對藥物進行加工，常用“冶”字，意思是將藥物搗碎、研成細末，這是該字的一種古義[②]。據筆者統計，在已整理公佈的簡帛醫書中，表示此種意義的“冶”共167例。除此之外，簡帛醫藥文獻還有“冶”表示“粉末”義。例如：

（4）病暴心痛灼灼者，治之，析蓂實冶二，枯橿（薑）、菌桂冶各一，凡三物，并和。（《里耶秦簡》8-1221簡）

（5）牡【厲（蠣）】冶一，毒堇冶三，凡【二】物，并【和】。（《五十二病方》175行）

① 陳國清《〈武威漢代醫簡〉釋文再補正》，《考古與文物》1991年4期。

② 李學勤《“冶”字的一種古義》，《語文建設》1991年11期。相似論述又見於段禎《簡帛醫書“冶”字考》，《甘肅中醫學院學報》，2009年6期。

(6) 爲藥漿方：取藺莖幹冶二升，取著（藷）若（蔗）汁二斗以漬之，以爲𣿅（漿），歆（飲）之。(《五十二病方》263~264行)

(7) 取無（蕪）夷（荑）中霴〈覈（核）〉，冶，豶膏以㮇，熱膏沃冶中，和，以傅。(《五十二病方》337行)

以上例（4）—（7）中有下畫綫標記的"冶"，均當訓釋爲"粉末"。該詞此義亦不見於各種辭書，應當是從其"搗碎、研末"的古義引申而來。

而且古代醫書中還存在"治"、"冶"誤用的情況。沈澍農先生曾經指出，在加工藥物方面，馬王堆以下抄本醫書多作"冶"，後世印刷醫書多作"治"，可能是形誤[1]。在《黄帝内經》中，也有兩處"治"的意思與簡帛醫書的"冶"相同。文例如下：

(8) 不已，以竹管吹其兩耳，鬄其左角之發，方一寸燔治，飲以美酒一杯，不能飲者，灌之，立已。(《素問·繆刺論》)

(9) 以流水千里以外者八升，揚之萬遍，取其清五升，煮之，炊以葦薪火，沸置秫米一升，治半夏五合，徐炊，令竭爲一升半，去其滓，飲汁一小杯。(《靈樞·邪客》)

根據文意可知，例（8）"燔治"指煅燒研末，相當於"燔冶"。馬王堆《五十二病方》有"燔冶"8例、"燔而冶"2例，其意思與例（8）的"燔治"完全相同。例（9）"治半夏"指

① 沈澍農《中醫古籍用字研究》，學苑出版社，2007年，頁253。

擣碎半夏，相當於“冶半夏”。《五十二病方》還有“冶齊（薺）石（實）”、“冶黄黔（芩）”、“冶礜與橐莫”等表述，與例（9）的“治半夏”均指將藥物擣碎。而例（1）的“冶林（朮）”與例（2）的“治林（朮）”雖然文字有區别，但兩例同屬一個醫方，其意思也應該是相同的。

由此可見，早期醫書因“治”“冶”形體相近，確實存在兩者混用的情況。因此不能完全排除馬王堆《五十二病方》、《里耶秦簡》的“壹治藥”爲“壹冶藥”之誤的可能。

二、説“豆”

《説文·豆部》：“豆，古食肉器也。”“豆”的本義是指一種用來盛食物的高腳容器，而表示豆類植物是該詞的後起義，僅始於漢代初期。在先秦時期，一般將植物類的豆稱作“菽”（其初文寫作“尗”）。《説文·尗部》：“尗，豆也。象尗豆生之形也。”朱駿聲通訓定聲：“古謂之尗，漢謂之豆。今字作菽。”

然而不同時期的簡帛醫書，用來表示豆類藥物的詞語亦不一樣。通過對豆類的稱呼，可以管窺這些醫書的時代特徵。

周家台秦簡《病方及其他》、阜陽漢簡《萬物》表示豆類藥物均只稱“叔（菽）”。如《病方及其他》有“叔（菽）、黑叔（菽）”藥名，“菽”見4例；《萬物》有“叔（菽）”1例。例如：

（1）取肥牛膽盛黑叔（菽）中，盛之而係（繫），縣（懸）

陰所，乾。(《病方及其他》309 簡)

(2) □□□叔（菽）可已痛。(《萬物》W0024)

馬王堆醫書表示豆類除了稱“菽”外，還稱“豆”、“荅”。如“叔（菽）、黑叔（菽）、蜀叔（菽）、巴叔（菽）、大叔（菽）、陳赤叔（菽）、菽醬、叔（菽）汁”、“赤荅”、“令大如荅”、“赤豆”等。其中“叔（菽）”見 16 例、“豆”與“荅”各見 2 例①。《説文·艸部》：“荅，小未也。”《廣雅·釋草》：“小豆，荅也。”例如：

(3) 以霍（藿）汁粲（餐）叔（菽）若苦，巳（已）。(《五十二病方》74 行)

(4) 諸疽物初發者，取大叔（菽）一斗，熬孰（熟）。(《五十二病方》300 行)

(5) □□□朐，令大如荅，即以赤荅一斗并【冶】。(《五十二病方》3 行)

(6)【夕】下：以黃枔（芩），黃枔（芩）長三寸，合盧大如□□豆丗，去皮而并冶。(《五十二病方》68 行)

(7) 毒烏豙（喙）者：炙【□】，歙（飲）小童弱（溺），若產齊（薺）、赤豆，以水歙（飲）【之】。(《五十二病方》71 行)

圖版中例（7）的“豆”字下面一横殘損，《馬王堆漢墓帛

---

① 除藥物名“豆”見 2 例外，馬王堆醫書《足臂十一脈灸經》第 2 行也見 1 例豆，但讀作“頭”。

書〔四〕》釋文將該字隸作“而”。陳劍先生指出，根據圖版所謂“而”字與其字形不合，當改釋作“豆”，“產齊（薺）、赤豆”應理解爲產齊（薺）、產赤豆；產赤豆即新鮮紅豆，與本書中的“陳赤叔（菽）”相對①。錢超塵先生依據例（6）的“豆”字，斷定馬王堆醫書《五十二病方》抄寫時代的上限不會早於秦漢之際，更不可能在戰國時代②。

武威醫簡對豆類卻全部稱“豆”而不稱“菽”或“荅”，有“巴豆、赤豆初生未臥者、赤豆麻（糜）洙（沫）”等藥物，另有表示藥物劑量的“丸大如赤豆”，“豆”字見5例。例如：

（8）若膿出，去死肉，藥用代廬如（茹）、巴豆各一分，併合和，以絮裹藥塞鼻，諸息肉皆出。（《武威漢代醫簡》69～70簡）

（9）飲水，常作赤豆麻（糜）洙（沫）服之，卅日止，禁豬肉、魚、葷采（菜）。（《武威漢代醫簡》32簡）

（10）與〈其〉宰（滓）擣之，丸大如赤豆，心寒氣脅下恿（痛），吞五丸，日三吞。（《武威漢代醫簡》18簡）

從以上論述可知，簡帛醫書對豆類的稱呼，周家台秦簡《病方及其他》、阜陽漢簡《萬物》只稱“菽”，馬王堆醫書是“菽”、“豆”、“荅”並稱，但以稱“菽”爲主，而武威醫簡全

① 陳劍《馬王堆帛書〈五十二病方〉、〈養生方〉校讀札記》，《出土文獻與古文字研究》（第五輯），上海古籍出版社2013年，頁468－469。

② 錢超塵《馬王堆醫帛書抄定年代考》，《陝西中醫》1982年5期。

部稱“豆”。而《病方及其他》是秦墓出土的醫書，《萬物》與馬王堆醫書均是西漢早期墓葬出土的文獻，《武威漢代醫簡》是東漢早期墓葬出土的醫書。對同一事物的不同稱呼，實際上已經反應了簡帛醫書的時代特徵。因此，通過一些詞語比較，也可以探討這些醫書產生的時代及其先後順序。

北京大學藏西漢竹書《老子》異文小考

李建平*

摘　要：北京大學藏西漢竹書《老子》中“名”、“命”字形的不同沒有嚴格區分名詞、動詞的功能，尤其是“名”在北大簡《老子》中既可以用作名詞，也可以用作動詞；不同的書寫形式可能是不同書寫系統或個人風格所造成的，亦不足以據此判定《老子》相關部分的句讀。

關鍵詞：北大漢簡；老子；名

北京大學藏西漢簡《老子》：“道可道，非恒道殹；名可命，非恒名也。無名萬物之始也；有名萬物之母也。”其中“名可命”一句，馬王堆帛書《老子》甲、乙本和今本《老子》皆作“名可名”。這一異文引起了學界的廣泛興趣與討論，如劉洪濤

*李建平，山東師範大學　副教授　山東濟南 250014。本文得到國家社科基金青年項目（13CYY058）、教育部人文社科基金青年項目（12YJC740045）、山東師範大學高層次人才引進項目资助。

先生認為："北大漢簡的可貴之處就在於，動詞用法的'名可名'的第二個'名'字作'命'，而名詞用法的'非常名'之'名'和'名可名'的第一個'名'字作'名'。"由此得出結論："北大漢簡本中名詞用法的'名'跟動詞用法的'名'使用不同的字表示，區分的很清楚。"並在此基礎上，根據文字的書寫形式來推論"無名萬物之始也；有名萬物之母也"中的"名"均為名詞，從而確定該句只能句讀作："無名，萬物之始也；有名，萬物之母也。"而不能如王安石等句讀作："無，名萬物之始也；有，名萬物之母也。"① 其實宋代不僅王安石作此讀法，按晁公武《郡齋讀書志》載，司馬光、王安石"皆於'有'、'無'字下斷句"。近代梁啟超、高亨等從其說，廖名春先生綜合北大漢簡的研究，也贊同此說②。但僅從用字情況來看，"名"、"命"上古均為明母耕部字，上古文獻往往可以通用，綜合考察出土與傳世上古文獻的用字狀況及古籍流傳的特點來看，僅憑這一異文並不能解決此千古難題。

從簡帛文獻的用字狀況來看，兩漢時期同音代替字、俗字、訛誤字等特殊用字現象非常多見。例如，馬王堆帛書《天下至道談》、《合陰陽》中此類特殊用字達到總字數的10.93%，尤其是通假字竟達到8.14%之多③。兩漢簡帛中"命"、"名"二

① 劉洪濤《北大藏西漢〈老子〉簡識小》，《中國語文》2011年第5期。
② 廖名春《〈老子〉首章新釋》，《哲學研究》2011年第9期。
③ 張顯成《簡帛文獻學通論》，中華書局，2004年版，第289頁。

字更是經常通用，僅以《老子》為例，馬王堆帛書《老子》乙本《道經》228下–229上：“聽之而弗聞，命之曰希。揞之而弗得，命之曰夷。三者不可至（致）計（詰），故緍而為一。一者，其上不謬，其下不忽。尋尋呵不可命也，復歸於無物。”而甲本《道經》116–117中，三處“命”字均書作“名”。又乙本《道經》249下–250上：“萬物歸焉而弗為主，則恒無欲也，可名於小。萬物歸焉而弗為主，可命於大。”同樣的語法結構中，上句作“名”，下句作“命”；而甲本《道經》163–164中該句字則均書作“名”。從語氣詞的使用來看，北大漢簡《老子》此句三處用“也”，而一處用“殹”，今本則均作“也”，顯然也只是文字的通假而已，並沒有區別意義。

其實，北大漢簡《老子》中“名”、“命”二字也沒有嚴格區分為名詞和動詞用法，尤其是“名”往往可以用作動詞，如簡213–214：“道泛旖（兮），其可左右。萬物作而生弗辭，成功而弗名有，愛利萬物而弗為主。故恒無欲矣，可名於小；萬物歸焉而弗為主，可名於大。”其中三處“名”均用作動詞。“弗名有”高亨注：“名，稱也。”① “名於小”辛戰軍注：“名，命名，稱名；用作動詞。”② “名於大”一句，帛書乙本正作“命於大”。可見即使在北大漢簡《老子》中“名”、“命”二字

① 高亨《老子注譯》，《高亨著作集林》（第五卷），清華大學出版社，2004年版，第320頁。

② 辛戰軍《老子譯注》，中華書局年版，2008年版，第135頁。

也不能嚴格區分名詞、動詞用法。

上古文獻中不僅“名”兼有名詞、動詞兩種詞性，“命”同樣兼有名詞、動詞兩種詞性，認為書作“命”就將其判定為動詞詞性，顯然是以今律古。《廣雅·釋詁三》：“命，名也。”王念孫疏證：“命即名也。名、命，古同聲同義。”因此二字上古往往通用，而且“命”用作名詞“名”的用例，上古文獻也較為多見，如《史記·天官書》：“免七命，曰小正、辰星、天欃、安周星、細爽、能星、鉤星。”司馬貞索隱曰：“謂免星凡七名。命者，名也。”《呂氏春秋·察今》：“東、夏之命，古今之法，言異而典殊，故古之命多不通乎今之言者，今之法多不合乎古之法者。”孫鏘鳴曰：“命，名也，亦言也。”陳奇猷新校注：“名為人命之或事物本身所自命，故名由命而得。”“名既由命而得，故此文以命為名也。”[①]《漢書·刑法志》：“及殺人先自告，及吏坐受賕枉法，守縣官財物而即盜之，已論命復有籍笞罪者，皆棄市。”顏師古注引晉灼：“命者，名也。”顏師古注云：“故此三罪已被論名而又犯笞，亦皆棄市也。”

從文本形態與文獻流傳來看，“北大簡《老子》的文本形態介於帛書甲、乙本與今本（王弼、河上公本）之間。無論是上、下篇的先後，分章和章序，還是具體到文字異同，無不反映出這種‘過渡性’特點”[②]。而北大簡本《老子》之前的帛書本和

① 陳奇猷《〈呂氏春秋〉新校注》，上海古籍出版社，2002年版，第946頁。
② 韓巍《北大漢簡〈老子〉簡介》，《文物》2011年第6期，第70頁。

之後的王弼、河上公等本均作“名可名”，也説明北大簡本作“名可命”只是秦漢《老子》傳承中不同系統的書寫習慣，甚至可能只是該簡本書寫者的書寫習慣而致。

曹峰認為：“‘命’和‘名’是通假的關係，或者説‘名’多用作名詞，而‘命’則都用作動詞，二者並無實質意義的差别。”[①] 此觀點近是，但在此基礎上展開專論“北大漢簡《老子》本為什麼要故意放棄修辭上的整齊美觀，而使用這樣一種不整齊不美觀的表達方式”，並從哲學史的角度探討其書寫形式的文本意義，卻值得商榷。其實，“古人對於假借字的使用，不僅帶有相當的自發性，而且帶有一定程度的隨意性”[②]。從兩漢時期的用字習慣來看，用字的隨意性説明書寫者並不一定有這樣的主觀故意性，如“子貢”在定州漢簡《論語》中有“子贛”、“子貢”、“子贑”三種寫法。整理者認為北大漢簡《老子》堪稱“善本”，而帛書本大量使用通假字“很多其實是寫‘别字’”。周大璞已指出：“假借是社會上約定俗稱的現象，而不是某一個人的偶然寫别了字。”[③] 整理者顯然忽視了當時人的用字習慣。

“名”是老子哲學系統中的一個重要概念，郭店楚簡《太一生水》10號簡：“道亦其字也，青（請）昏（問）其名。”劉洪

① 曹峰《〈老子〉首章與“名”相關問題的重新審視》，《哲學研究》2011年第4期，第58頁。

② 高亨《古字通假會典·董治安序》，齊魯書社，1989年版，第4頁。

③ 周大璞《假借質疑》，《武漢大學學報》1982年第2期，第44頁。

濤先生從哲學角度論證“青昏”二字當讀為“請問”，無疑是正確的。今從文字角度補充一例，《上海博物館藏戰國楚竹書》（五）之《季康子問於孔子》2 號簡：“青（請）昏（問）可（何）胃（謂）仁之以德?”“青昏”正用作“請問”，可證其說。

隨着大量出土文獻的公佈，尤其是有今本可以對照的部分，由於用字習慣等各方面的差異，為漢語史研究提供了眾多珍貴的異文語料，但對這些異文語料性質的判定與利用應當慎之又慎，既不能以今律古，也不能是古非今。

西北屯戍漢簡中的“貧急”考辨

郭麗華*

摘　要：關於西北屯戍漢簡中“貧急”一詞的含義，學界一直存在爭議，有觀點認為應釋作“煩瑣急躁”，也有觀點認為應釋作“貧困窘急”。本文認為“貧急”一詞在西北屯戍漢簡中只能釋為“貧困窘急”，並從簡帛材料和傳世文獻的角度進行考辨。

關鍵詞：西北屯戍漢簡；“貧急”；考辨

西北屯戍漢簡中屢見“貧急”一詞，學界對該詞的含義有不同的解釋。大體可以歸納為兩種：一種是薛英群等認為的“煩瑣急躁”[①]。張國豔解釋為“嘮叨，急躁”[②]可歸為此類。另

* 郭麗華，西南大學漢語言文獻研究所 講師 重慶 400715。本文的寫作得到教育部人文社科青年項目資助，項目編號：11YJC740031。

① 薛英群、何雙全、李永良《居延新簡釋粹》，蘭州大學出版社 1988 年，頁 59。

② 張國豔《居延新簡詞彙劄記》，《青海師專學報》2002 年第 2 期。

一種是《中國簡牘集成》解釋的“貧困窘急”①。路方鴿解釋為“貧窮，生活窘迫”② 與此相似。我們認為，西北屯戍漢簡中出現的“貧急”一詞解釋為後者更符合實際。

“貧急”一詞在目前所見的西北屯戍漢簡中共 7 例，分別如下：

（1）□貸錢三千六百，以贖婦。當負臧，貧急毋錢可償。知君者謁報，敢言之。(EPT56. 8)③

（2）□□桀小，未傳為譯騎，皆小家子，貧急不能自給。(EPT58. 30)

（3）辭貧急，毋餘財，獨有私故練襲（180. 23）④

（4）始建國三年十二月丙辰朔丁醜，不侵候長茂敢言之，官檄曰：部吏九人，人一雞，重六斤，輸府。遣候史若祭酒，持詣官，會月二十日。謹案部吏多貧急。(EPT 59. 56)

（5）河平元年九月戊戌朔丙辰，不侵守候長、士吏猛敢言之，將軍行塞，舉驅望隧長杜未央所帶劍刃𡉚，狗少一。未央貧急輭弱，毋以塞舉。請庌免，謁言官。敢言之。(EPT 59. 3–4)

① 初師賓主編《中國簡牘集成》十冊，敦煌文藝出版社 2001 年，頁 181。

② 路方鴿《〈居延新簡〉詞語劄記》，《西南交通大學學報》（社會科學版）2013 年第 1 期。

③ 本文所引居延新簡均出自甘肅省文物考古研究所、甘肅博物館、文化部古文獻研究室、中國社會科學院歷史研究所編《居延新簡——甲渠候官與第四燧》，中華書局，1990 年。原釋文無標點，本文所引例句中的標點為筆者所加。以下不再注出。

④ 本文所引居延漢簡均出自謝桂華、李均明、朱國炤《居延漢簡釋文合校》，文物出版社，1987 年。以下不再注出。

(6) 貧急，軟弱不任職，請厈免，可補者名如牒。(231.29)

(7) 貧急毋已（26.15）

以上7例中除例最後一例因殘簡導致句意不甚明確外，其他句意均較為明確。例（1）中“貧急”與“毋錢可償”相連，意思是貧困窘急沒有錢償還。例（2）中“貧急”與“不能自給”相連，意思貧困窘急無法滿足生活所需。例（3）中“貧急”與“毋餘財”相連，意思是貧窮窘急沒有多餘的錢財。例（4）是說上級要求部吏九人每人上交一隻重六斤的雞，不侵候長回復說“部吏多貧急”，“貧急”在此處也顯然是說經濟情況差，此四例“貧急”只能解釋為“貧窮窘急”，不能解釋為“煩瑣急躁”，否則語義不通。例（5）、例（6），“貧急”均與“軟弱”相連，並請求罷免。把“貧急”解釋為表示個人性情的“嘮叨急躁”看上去似乎說得通，但實際上仔細分析，此解不免有望文生義之嫌。

首先“軟弱”一詞並非我們今天所說的“缺乏力氣，不堅強”。它是漢代對不稱職官吏的一種評定用語，漢代官吏一旦被以軟弱免職，終身不再錄用。其次，我們再看“貧急”一詞的“貧”，其本義是缺少財物，貧困。《說文·貝部》：“貧，財分少也。”“急”有“困難、窘迫”之義。如《管子·問》：“舉知人急，則眾不亂。”尹知章注：“急，謂困難也。”《史記·五帝本紀》：“順天之義，知民之急。《禮記·王制》：“國無九年之蓄曰不足；無六年之蓄曰急；無三年之蓄曰國非其國也。”貧急，是一個並列複合詞，表示貧窮窘急。

那麼貧窮窘急為什麼會被免職呢？這是因為在漢代，為吏需要有一定的資產。《漢書·景帝紀》記載：“今訾算十以上乃得宦，廉士算不必眾。有市籍不得宦，無訾又不得宦，朕甚湣之。訾算四得宦，亡令廉士久失職，貪夫長利。”應劭為其作注曰：“古者疾吏之貪，衣食足知榮辱，限訾十算乃得為吏。十算，十萬也。賈人有財不得為吏，廉士無訾又不得宦，故減訾四算得宦矣。”由此可知，不管是之前的十算，還是漢景帝改革後的四算，都說明資產達到一定的標準才可以為官。相反，資產低於一定的標準則會遭致罷免。這在西北屯戍簡中也有體現，如：

(8) 第十隊長田宏，貧寒罷休。當還九月十五日食。(EPF22.296)

(9) 第十一隊長張岑，貧寒罷休。當還九月十五日食。(EPF22.297)

(10) 第廿桼隊長薛隆，貧寒罷休。當還九月十五日食。(EPF22. 302)

以上三例中均有“貧寒罷休”之說，即因家境貧寒而丟去官職。

“貧急”一詞在張家山漢簡中亦有用例，共兩處：

(11) 研調廉問不日作市販，貧急窮困，出入不節，疑為盗賊者，公卒瘛等牖令人微隨視為謂、出入、居處狀。(《奏讞書》

210–211)[①]

(12) 即就訊磔，恐猲欲笞，改曰：貧急毋作業，恒遊旗下，數見賈人券，言雅欲剽（剽）盜，詳（佯）為券，操，視可盜，盜置券其旁，令吏求賈市者，毋言。(《奏讞書》220)

例（11）中“貧急”與“窮困”同義連文，例（12）是嫌犯自述貧窮沒有工作，一直在集市上遊逛。這兩例中的“貧急”意思仍然是“貧窮窘急”，可見該義項在漢代常用。“貧”確實也有“絮叨、可厭”義，不過這一義項產生很晚，《漢語大詞典》給出的最早書證是清代的《紅樓夢》。

綜上，我們認為西北屯戍漢簡中的“貧急”意思是“貧窮窘急”而非“煩瑣急躁”。

---

① 本文所引《奏讞書》均出自張家山二四七號漢墓竹簡整理小組《張家山漢墓竹簡〔二四七號墓〕(釋文修訂本)》，文物出版社，2006年。以下不再注出。

走馬樓吳簡“還民”“新還民”及“步侯還民”的涵義試釋

陳榮傑*

摘　要：從語言學詞彙學的視角，結合傳世文獻及吳簡本身，認為吳簡“還民”義為歸還、返回的百姓；“新還民”為剛剛歸還的百姓；“步侯還民”為歸還的百姓中投奔到步侯步騭的百姓。

關鍵詞：吳簡；還民；新還民；步侯還民

學界關於吳簡“還民”的最早討論是王素、宋少華、羅新三位先生在《長沙走馬樓簡牘整理的新收穫》中談步騭在長沙的活動時涉及到的，認為：“大概步騭在漚口徵召士兵過多，糧食不足，曾向當地居民商借不少限米，以至離開漚口四年，尚未將限米還完。其時，步騭不在長沙，主持還民限米事務的應

* 陳榮傑，西南大學漢語言文獻研究所、西南大學出土文獻研究中心 副教授 重慶 400715。

是臨湘侯國。"① 即王素等先生認為"還民"義為將限米還給民。

其後，孟彥弘先生認為："'還民'似指歸附之民，即過去曾一度因逃亡或其它原因而脫籍者。""'步侯還民'，似指這些歸附之民，原本是歸步侯所領者。"②

黎石生先生在贊同孟先生對"還民"解釋的同時，認為："所謂'步侯還民'意指這些'還民'轄屬步氏，其來源是多渠道的，並非必係'原本是歸步侯所領者'。'步侯還民'繳納限米，並非為了優待'還民'本身，而是為了優待其擁有者臨湘侯步騭。"③

胡平生先生則認為："'還民'指恢復民籍，如果是軍人，'還民'就是'復員'，即'恢復平民身份'。"④

蘇俊林先生認為："'還民'是一個身份性名詞，而不是'歸還民限米'的意思。"⑤

以上諸位先生均提出自己的真知灼見，有助於"還民"等問題的深入討論，但目前學界對吳簡"還民"的釋義尚無統一

---

① 王素、宋少華、羅新《長沙走馬樓簡牘整理的新收穫》，《文物》1999年第5期。

② 孟彥弘《釋"還民"》，《歷史研究》2002年第4期。

③ 黎石生《長沙走馬樓所見"步侯還民"簡探討》，《長沙三國吳簡暨百年來簡帛發現與研究國際學術研討會論文集》，中華書局，2005年，頁108-111。

④ 胡平生《說"步兵還民"》，載於《簡帛研究二〇〇五》，廣西師範大學出版社，2008年，頁244-249。

⑤ 蘇俊林《"還民"問題補論》，簡帛網 http://www.bsm.org.cn/show_article.php?id=2006，2014年4月9日。

的觀點。加之以上諸位先生的研究多是依據《長沙走馬樓簡牘整理的新收穫》中公佈的兩枚有關“步侯還民”簡，隨着吳簡新材料的不斷公佈，有必要對吳簡“還民”、“步侯還民”等相關詞語的涵義展開進一步的討論。鑒於此，我們在時賢研究的基礎上，試從語言學、詞彙學的角度對吳簡“還民”等相關詞語的涵義作進一步探討。

我們認為要明晰“還民”的涵義，有必要先探討一下“還”和“民”的意義。“還”本義為返復，返回。《説文·辵部》：“還，復也。”《爾雅·釋言》：“還，復，返也。”《廣雅·釋詁二》：“還，歸也。”《詩經·小雅·何人斯》：“爾還而入，我心易也；還而不入，否難知也。”鄭玄箋：“還，行反也。”“還”由返復義引申出恢復、還原義。《漢書·史丹傳》：“上因納，謂丹曰：‘吾病寖加，恐不能自還。善輔道太子，毋違我意！’”“還”又由本義引申出交還、歸還義。《周禮·秋官·司儀》：“致饔餼，還圭。”鄭玄注引鄭司農云：“還圭，歸其玉也。”《三國志·吳書·吳主傳》：“若罪在難除，必不見置，當奉還土地民人，乞寄命交州，以終餘年。”“還”的詞義引申路徑如下：

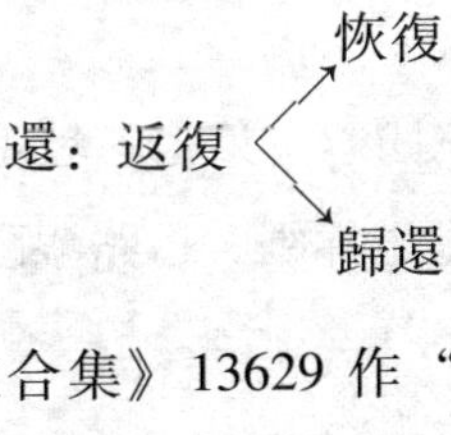

“民”，《甲骨文合集》13629 作“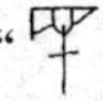”，《大盂鼎》作“”，《史牆盤》作“”，其字形象左目被利刃刺之。郭沫

若《甲骨文字研究》："周人初以敵囚為民時，乃盲其左目以為奴徵。"①"民"的本義為奴隸，引申出百姓、庶民義。《詩經·大雅·假樂》："宜民宜人，受祿於天。"朱熹注："民，庶民也。人，在位者也。"《國語·周語上》："防民之口，甚於防川，川壅而潰，傷人必多，民亦如之。"

"還民"是由"還"和"民"兩個語素組合而成，文獻中"還民"共有三個義項。一是歸還、返回的百姓。《三國志·魏書·衛覬傳》："益州牧劉璋與表有隙，覬以治書侍御史使益州，令璋下兵以綴表軍。至長安，道路不通，覬不得進，遂留鎮關中。時四方大有還民，關中諸將多引為部曲，覬書與荀彧曰：'關中膏腴之地，頃遭荒亂，人民流入荊州者十萬餘家，聞本土安寧，皆企望思歸。而歸者無以自業，諸將各競招懷，以為部曲。'"由衛覬書與荀彧的信可確知此"還民"當為歸還的百姓，為偏正式的名詞性結構。又如《宋史·孟珙傳》："大元兵分兩路：一攻復州，一在枝江監利縣編筏窺江。珙變易旌旗服色，循環往來，夜則列炬照江，數十里相接。又遣外弟趙武等共戰，躬往節度，破砦二十有四，還民二萬。"此即孟彥弘和黎石生先生所釋吳簡"還民"義。

二是還給百姓。《三國志·魏書·趙儼傳》："（趙儼）乃書與荀彧曰："今陽安郡當送綿絹，道路艱阻，必致寇害。百姓困

① 郭沫若《甲骨文字研究》，載於《郭沫若全集·考古編》第一卷，科學出版社，1982年，頁71。

窮，鄰城並叛，易用傾蕩，乃一方安危之機也。且此郡人執守忠節，在險不貳。微善必賞，則為義者勸。善為國者，藏之於民。以為國家宜垂慰撫，所斂綿絹，皆俾還之。”彧報曰：“輒白曹公，公文下郡，綿絹悉以還民。”《南齊書·郁林王紀》：“公宜權禁，一以還民，關市徵賦，務從優減。”《新唐書·張孝忠傳附子茂宗傳》：“長慶初，岐人列訴，下御史，盡以其地還民。”以上“還民”均為還給百姓義，為動賓式的動詞性結構。此即整理者王素等先生所釋吳簡“還民”義。

三是恢復民籍。此即胡平生先生所認為吳簡之“還民”義。“還民”之“恢復民籍”義的文獻用例，胡先生在《說“步兵還民”》中已有詳細論述，茲不贅舉①。細分析胡先生所舉諸例知：“還民”當為動賓式的動詞性結構。

吳簡“還民”具體應為何義？這要結合吳簡本身及相關史料來確定。吳簡中不僅有“步侯還民”，還有單稱“還民”、“新還民”者，如：

其廿九斛為黃龍三年還民所貸米　（壹·3137）

其四斛二斗嘉禾元年還民所貸米　（壹·3196）

入都鄉嘉禾二年還民限米廿斛〓嘉禾三年正月廿二日劉里丘大男劉元關邸閣李嵩付倉吏黃諱史潘慮（貳·383）

---

① 詳參胡平生《說“步兵還民”》，《簡帛研究二〇〇五年》，廣西師範大學出版社，2008年，頁244–249。

入都鄉嘉禾二年新還民限米二斛〓嘉禾三年正月十二日渾（?）山丘男子義柱關邸閣李嵩付倉吏黃諱潘慮（貳·2729）

入新還民黃龍三年限米廿八斛五斗　⧄（貳·7493）

入西鄉新還民入黃龍三年限米六斛〓嘉禾元年十二月□日郭渡[丘]□□關邸閣□（貳·8906）

斛新還民黃龍二年限米一百六十二斛監池司馬鄧邵黃龍三年限米八十[一][斛]□（肆·4978）

上揭諸簡“還民”、“新還民”，若按胡先生的解釋，理解為“恢復民籍”，如簡貳·383 就應為“入都鄉嘉禾二年恢復民籍限米廿斛……”，又如簡貳·7493 就應為“入新恢復民籍黃龍三年限米廿八斛五斗”。很顯然，“還民”之“恢復民籍”義放在簡文中是講不通的。若將“還民”理解為還給百姓，如簡貳·383 就應為“入都鄉嘉禾二年還給百姓限米廿斛……”，又如簡貳·7493 就應為“入新還給百姓黃龍三年限米廿八斛五斗”，很明顯，“還民”之“還給百姓”義放之吳簡是與文意相悖的。若將“還民”理解為歸還的百姓，如簡貳·383 就應為“入都鄉嘉禾二年歸還的百姓限米廿斛……”，又如簡貳·7493 就應為“入新歸還的百姓黃龍三年限米廿八斛五斗”。“還民限米”“新還民限米”之“還民”“新還民”表示繳納限米之人的身份，這和吳簡中“州吏限米”之“州吏”，“郡士限米”之“郡士”，“子弟限米”之“子弟”一樣，均是表示繳納限米者的身份。再則，簡肆·4978“新還民”和“監池司馬鄧邵”並列出現在同一枚簡上，說明“新還民”亦像監池司馬鄧邵一樣，為限米的繳納者。且據簡壹·3137、簡壹·3196之“還民所貸米”，“還民”當是“貸米”的動作發出者，而“還民”之“恢復民籍”義和“還給百姓”義均是表示動作行為，故“還民”只能理解為歸還、返回的百姓。

從上揭吳簡簡文本身來看：“還民”在吳簡中只能理解為歸還、返回的百姓。

把吳簡“還民”理解為“歸還的百姓”也是符合當時的歷史情況的。東漢末三國時期社會處於極度動盪之中。東漢末年的黃巾軍起義及軍閥混戰，給人民帶來了沉重的災難，導致了人口大流徙。關於三國時期人口流動情況，黎石生先生從本國統治區域內的人口流動和國家之間的人口流動兩個方面進行了詳細的闡述，茲不贅述①。蔣福亞先生曾說：“東漢時期長江中下游地區雖然有所變化，但在專制主義中央集權的統一國家內部，當激烈動盪發生時，這裡想要脫身事外，也決無可能。東漢後期的腐朽統治導致天下戶口減半，荊、揚兩地就是農民破產逃亡的高發地區之一，處處流民成群。”② 東漢末年受戰亂的影響，長沙地區有百姓逃亡在外，應該不難理解。

① 黎石生《長沙走馬樓所見“步侯還民”簡探討》，《長沙三國吳簡暨百年來簡帛發現與研究國際學術研討會論文集》，中華書局，2005年，頁108-111。

② 蔣福亞《魏晉南北朝社會經濟史》，天津古籍出版社，2004年，頁40-49。

三國時期，魏、蜀、吳三大割據政權鼎立。和曹操以一統天下為己任，諸葛亮為恢復漢家舊日天下鞠躬盡瘁、死而後已相比較，據有荊、揚，志在保安，是吳國的基本國策，也是吳國君臣同心合力的目標①。正是吳國的這種識時務之舉，才使吳國能夠集中精力經營內部，發展生產。文獻對吳國經濟的發展狀況有載，如左思《吳都賦》："其四野，則畛畷無數，膏腴兼倍……煮海為鹽，采山鑄錢，國稅再熟之稻，鄉貢八蠶之綿。"此言雖有溢美之詞，但也足見吳國經濟的發展。吳國的相對穩定及經濟的發展，使逃亡在外的百姓思歸，返回故里，也應是可以成立的。

綜上，我們認為吳簡"還民"應為歸還、返回的百姓。"新還民"為剛剛歸還的百姓。"步侯還民"之"步侯"為步騭②，"步侯還民"為歸還的百姓中投奔到步侯步騭的百姓。現公佈吳簡"還民"約 72 見，絕大多數都和繳納限米有關。

附記：本文為國家社科基金項目（13CYY055）、西南大學專項資金創新團隊項目（SWU1509395）的階段性成果之一。

① 蔣福亞《魏晉南北朝社會經濟史》，天津古籍出版社，2004 年，頁 40–49。

② 王素、宋少華、羅新《長沙走馬樓簡牘整理的新收穫》，《文物》1999 年第 5 期。

上博簡字詞與兩部大型語文辭書訂補

陳迎娣*

摘　要：出土文獻未經後人傳抄，保留了原貌，具有很強的語言真實性，應該成為辭書編纂的重要文獻材料並且加以利用。上博簡是出土的先秦古佚書，很多字詞不見於傳世文獻，現有的辭書所涉及惡文獻材料基本上基於傳世文獻，對出土文獻不夠重視。本文用上博簡中的字詞從增補條目、增補義項、書證補闕、書證提前四個方面訂補兩部大型語文辭書。

關鍵詞：上博簡；字詞；兩部大型語文辭書；訂補

上博簡共有1200多枚，有35000多字，在已出土楚簡中有較大的比重。内容涉及哲學、文學、政論、歷史、宗教、軍事、教育、音樂、文字學等方面，乃楚國遷郢都以前貴族墓中的隨葬物，先於秦始皇的"焚書坑儒"，以儒家類為主，兼及道家、兵家、陰陽家等。包括少數重本的書篇在内，這批楚竹書近百

* 陳迎娣，江蘇省鹽城市濱海縣明達中學 教師 鹽城 224500。

種，其中能和已流傳的先秦古籍相對照的不到十種[①]。經過學者們努力，上博簡意義基本上能讀懂，對一些問題的研究也相當深入，這為我們訂補兩部大型語文辭書奠定了厚實的基礎。

兩部大型語文辭書《漢語大詞典》、《漢語大字典》以古今兼收、源流並重的原則收錄字詞，義項完備、書證豐富，代表了我國辭書的最高水平，但是正如郭在貽先生所言："任何一部工具書，都不可能做到十全十美。"[②] 兩部大型語文辭書主要引用傳世文獻，對出土文獻利用不足。辭書編纂年代距今雖不遠，但是出土材料字詞的研究在短短的幾十年間取得了豐碩的成果，這些研究成果應該為兩部大型語文辭書吸收；加之在特定的歷史條件下，時間緊迫，編纂人員衆多，素質不一等原因，兩部辭書難免有疏漏之處，條目闕失、義項闕失、書證闕失、書證滯後等問題突出，應該及時進行訂補。

一、增補條目

兩部大型語文辭書收錄的條目達三十多萬但作為反映漢語詞彙發展全貌的詞典，詞條數目仍顯得不足。現從上博簡字詞

① 馬承源《上海博物館藏戰國楚竹書（一）·前言：戰國楚竹書的發現保護和整理》，《上海博物館藏戰國楚竹書（一）》，上海：上海古籍出版社，2001 年 11 月，頁 1–2。

② 郭在貽《〈辭海·語詞分册〉義項漏略舉例》，《訓詁叢稿》。上海：上海古籍出版社。1985 年 2 月，頁 201。

來看，可增補《漢語大詞典》的詞條甚多。現舉四例論之。

复：同“作”。產生；興起。（《漢語大詞典》卷2/又部）

复：同“作”。產生；興起。（《漢語大字典》卷1/又部）

“复”楚簡中寫作“”，音zuò，產生；興起。兩部大型語文辭書又部均未收此條目，當補。《上海博物館藏戰國楚竹書》用例如下：

《上海博物館藏戰國楚竹書（二）·容成氏》29：“民乃賽，喬（驕）能（態）刣（始）复（作），乃立咎（皋）託（陶）以為李（李）。”① 賽，整理者注：“爭利競勝。”簡文意為：民眾爭利競勝，訟獄之事開始興起，便立皋陶為法官。

《上海博物館藏戰國楚竹書（二）·容成氏》50-51：“武王於是虖（乎）复（作）為革車千鞁（乘）。”簡文意為：武王於是製作兵車千輛。

《上海博物館藏戰國楚竹書（一）·紂衣》14：“《呂型（刑）》員（云）：‘兓（苗）民非甬霝（命），折（制）以型（刑），隹（惟）复（作）五虐之型（刑）曰灋。’”簡文意為：三苗之君習蚩尤之惡，不用善來化民，而制以重刑，惟為五虐之刑，自謂得法。

其他簡帛文獻也有用例，如：

① 簡文所引釋文符號，悉以張顯成主編《楚簡帛逐字索引（附原文及校釋）》（四冊本），四川大學出版社，2013年11月，為參照，可詳見該書第一冊“凡例”第14條。

《郭店楚墓楚簡·老子甲本》13：“愢（化）而雒（欲）复（作），牆（將）貞（鎮）之以亡名之叡（樸）。”

《郭店楚墓楚簡·老子甲本》24：“萬勿（物）方（旁）复（作），居以須復也。”

《清華大學藏戰國竹簡（叁）·芮良夫毖》2：“內（芮）良夫乃复（作）詇（毖）再夂（終）。”

审：同“中”。（《漢語大詞典》卷3/宀部）

审：同“中”。（《漢語大字典》卷2/宀部）

审，音 zhōng，同“中”。在《上海博物館藏戰國楚竹書》中寫作“”，兩部大型語文辭書宀部下均無此條目，當補。《上海博物館藏戰國楚竹書》用例如下：

《上海博物館藏戰國楚竹書（三）·亙先》8：“先有审（中），焉有外。先又（有）少（小），焉又（有）大。”簡文意為：先有中，才有外。先有小，才有大。

《上海博物館藏戰國楚竹書（二）·容成氏》21：“审（中）正之羿（旗）以澳（熊），北方之羿（旗）以鳥。”簡文意為：以熊作為中正之旗，以鳥作為北方之旗。

《上海博物館藏戰國楚竹書（二）·容成氏》6-7：“於是虖（乎）方百里之审（中），衒（率）天下之人遠（就），奉而立之，以為天子。”簡文意為：於是方圓百里之中，率領天下人來這裡，侍奉並且扶立堯，把他作為天子。

其他簡帛文獻也有用例，如下：

《郭店楚墓竹簡·五行》5-6：“君子亡审（中）心之惪

（憂）則审（中）心之智。”

《郭店楚墓竹簡·五行》32：“以其审（中）心與人交，兑（悦）也。”

《九店楚簡·56號墓竹簡》46：“西方高，三方下，亓（其）审（中）不壽，宜人民，六朋（擾）。”

燹：同“氣”。（《漢語大詞典》卷7/火部）

燹：同“氣”。（《漢語大字典》卷4/火部）

燹，音qì，同“氣”。在《上海博物館藏戰國楚竹書》中寫作“”，兩部大型語文辭書火部均無此條目，當補。《上海博物館藏戰國楚竹書》用例如下：

《上海博物館藏戰國楚竹書（二）·民之父母》13：“亡（無）聖（聲）之樂，燹（氣）志既從；亡（無）體（體）之豊（禮），上下禾（和）同。”簡文意為：無聲之樂，志氣跟從；無體之禮，上下和睦跟從。

《上海博物館藏戰國楚竹書（三）·亙先》4：“庢（濁）燹（氣）生壆（地），清燹（氣）生天。”簡文意為：濁氣生於地面，清氣生於天。

《上海博物館藏戰國楚竹書（二）·容成氏》30：“天下大和昀（均），叁（舜）乃欲會天地之誋（氣）。”簡文意為：天下很和諧，舜便想會和天地之靈氣。

其他簡帛文獻也有用例，如：

《郭店楚墓竹簡·老子甲本》35：“賹（益）生曰羕

（祥），心叓（使）燹（氣）曰彊（强）。”

《郭店楚墓竹簡·太一生水》10：“上，燹（氣）也，而胃（謂）之天。”

逄：同“路”。（《漢語大詞典》卷10/辵部）

逄：同“路”。（《漢語大字典》卷7/辵部）

逄，音lù。同“路”。在《上海博物館藏戰國楚竹書》中寫作“”。兩部大型語文辭書辵部均無此條目，當補。《上海博物館藏戰國楚竹書》用例如下：

《上海博物館藏戰國楚竹書（一）·性情論》30：“凡於道逄（路）毋愄（畏），毋蜀（獨）言。”簡文意為：凡是在道路上的，不要害怕，不要獨自言語。

《上海博物館藏戰國楚竹書（二）·容成氏》4-5：“於是虐（乎）不賞不罰，不型（刑）不殺，邦無飤（食）人，道逄（路）無殤死者。”簡文意為：於是不賞賜不懲罰，不用刑不殺戮，國家沒有吃人的事情發生，道路上沒有死人。

《上海博物館藏戰國楚竹書（五）·弟子問》19：“子𦞦₌（惇惇）女（如）也，其聖（聽）子逄（路）進（往）虐（乎）？”簡文意為：孔子純厚的樣子，他聽任子路去嗎？

其他簡帛文獻也有用例：

《新蔡葛陵楚墓竹簡》甲三：79：“白，一乘絑逄（路）。”

《新蔡葛陵楚墓竹簡》甲三：237-1：“舉祷一乘大逄（路）黃。”

二、增補義項

兩部大型語文辭書字詞的釋義已經較為完備、系統、準確，揭示了詞語豐富的內涵，展現了字詞的演變，但仍有一定的疏漏，對簡帛文獻的利用不足，導致很多字詞的義項失收。現舉四例論之。

眚：通“性”。(《漢語大詞典》)

眚：通“性”。(《漢語大字典》)

《漢語大詞典·目部》（卷 7/P1196）“眚［shěng］”無“通‘性’”義項。當補。

《漢語大字典·目部》（卷 5/P2654）“眚 shěng”無“通‘性’”義項。當補。

眚，山母，耕部；性，心母，耕部。山、心二母均為齒音，相近。二字聲近韻同，故可通假。一說為異體。《上海博物館藏戰國楚竹書》用例如下：

《上海博物館藏戰國楚竹書（一）·性情論》18：“哀、樂，亓（其）眚（性）相近也，是古（故）亓（其）心不遠。”簡文意為：悲傷、歡樂，其性相近，其心不遠。

《上海博物館藏戰國楚竹書（一）·性情論》22：“未孝（教）而民恆，眚（性）善者也。”恆，整理者：“順從。”簡文意為：不用教化而百姓順從，是生性善良的表現。

《上海博物館藏戰國楚竹書（一）·性情論》34：“情出於

眚（性），悉（愛）頪（類）七。”

其它簡帛文獻用例如：

《郭店楚墓竹簡·性自命出》2：“憙（喜）惹（怒）忟（哀）悲之熈（氣），眚（性）也。”

《郭店楚墓竹簡·語叢二》28－29：“憙（喜）生於眚（性），樂生於憙（喜），悲生於樂。”

聖：通“聲”。聲音。（《漢語大詞典》）

聖：通“聲”。聲音。（《漢語大字典》）

《漢語大詞典·耳部》“聖［shèng］”（卷8/P663）下無“通‘聲’。聲音”義項，當補。

《漢語大字典·耳部》“聖 shèng”（卷5/P2980）下無“通‘聲’。聲音”義項，當補。

聖，書母，耕部；聲，書母，耕部。二字聲韻皆同，故可通假。一說為異體。《上海博物館藏戰國楚竹書》用例如下：

《上海博物館藏戰國楚竹書（一）·性情論》3：“金石之有聖（聲）也，弗鈎（扣）不鳴。”金石，指鐘磬一類樂器。扣，同“叩”，敲擊。簡文意為：金石類樂器，不敲擊不發出聲音。

《上海博物館藏戰國楚竹書（二）·民之父母》11：“亡（無）聖（聲）之樂，塞與四方。”四方，天下，各處。簡文意為：至誠至德感人，天下無不和樂融洽，誠信於內，而充塞於外，而和氣充塞於天地之間。

其他簡帛文獻也有用例，如：

《郭店楚墓竹簡·老子乙本》12："大方亡禺（隅），大器曼成，大音祇聖（聲）。"

羕：通"養"。修養；養育。（《漢語大詞典》）

羕：通"養"。修養；養育。（《漢語大字典》）

《漢語大詞典·羊部》"羕［yàng］"（卷9/P173）無"通'養'。修養；養育"義項，當補。

《漢語大字典·羊部》"羕 yàng"（卷6/P3337）無"通'養'。修養；養育"義項，當補。羕，餘母，陽部；養，餘母，陽部。二字聲韻皆同，故可通假。一說為異體。《上海博物館藏戰國楚竹書》用例如下：

《上海博物館藏戰國楚竹書（一）·性情論》6："羕（養）眚（性）者，習也。"簡文意為：養性是積習的緣故。

《上海博物館藏戰國楚竹書（二）·容成氏》13："孝羕（養）父母，以善其新（親），乃及邦子。"邦子，國中之子。簡文意為：竭盡孝忱奉養父母，善待親人，施及國中之子。

《上海博物館藏戰國楚竹書（二）·容成氏》33："其生賜羕（養）也，其死賜㽵（葬），迲（去）蝁（苛）匿（慝），是以為名。"苛慝，指煩苛暴虐。簡文意為：其生下來時，給予供養，他死亡時給予送葬，去除指煩苛暴虐，因此得聖人之名。

其他簡帛文獻用例，如下：

《郭店楚墓竹簡·尊德義》30："古（故）爲正（政）者，或侖（倫）之，或羕（養）之。"

《郭店楚墓竹簡·性自命出》9-10："凡眚（性）或㪟

(動) 之，或逆之，或交之，或萬（厲）之，或出之，或羕(養) 之，或長之。”

述：通“遂”副詞。於是，就。(《漢語大詞典》)

述：通“遂”副詞。於是，就。(《漢語大字典》)

《漢語大詞典·辵部》“述［shù］”（卷 10/P752）下無“通‘遂’。副詞。於是，就”義項，當補。《漢語大字典·辵部》“述 shù”（卷 7/P4075）下無“通‘遂’。副詞。於是，就”義項，當補。《上海博物館藏戰國楚竹書》用例如下：

《上海博物館藏戰國楚竹書（二）·容成氏》34：“叴(皐) 秀（陶）乃五壤（讓）以天下之臤（賢）者，述（遂）爯（稱）疾不出而死。”皐陶，傳說是虞舜時的司法官。簡文意為：皋陶五讓天下給賢者，最後聲稱有疾病不出來而死。

《上海博物館藏戰國楚竹書（二）·容成氏》37–38：“述(遂) 迷，而不量亓（其）力之不足，记（起）帀（師）已(以) 伐昏（岷）山是（氏）。”簡文意為：於是迷路，自不量力，起兵工大岷山氏。

《上海博物館藏戰國楚竹書（二）·容成氏》44：“是虐(乎) 籓（作）為九城（成）之臺（臺），視（寘）盂炭（炭）亓（其）下，加圜（圜）木於亓（其）上，思民道（蹈）之，能述（遂）者述（遂），不能述（遂）者内（入）而死。”

其他簡帛文獻也用例，如下：

《郭店楚墓竹簡·老子甲本》39：“攻（功）述（遂）身退，天之道也。”遂，成；完成。

《郭店楚墓竹簡·五行》34:“悳(直)而述(遂)之,遙也。”

《清華大學藏戰國竹簡(叁)·良臣》4:“武王有君奭,有君陣(陳),有君䏲(牙),有周公旦,有邵(召)公,述(遂)差(佐)成王。”君陳,為周公子,伯禽弟。周公,西周初期政治家。姓姬名旦。佐,輔佐。

三、書證補闕

《漢語大詞典》、《漢語大字典》這兩部大型歷時語文辭書,所收錄的字詞應有書證,但很多書證在傳世文獻中早已經亡佚,在上博簡中卻能找到用例。現舉四例論之。

侌:“陰”的古字。(《漢語大詞典》)

侌:“陰”的古字。(《漢語大字典》)

《漢語大詞典·人部》“侌”(卷1/P1307):“‘陰’的古字。清王念孫《讀書雜志·管子二》‘含愁’:正文“含”字,當是“侌”字之誤,侌,古“陰”字也。”無書證。《上海博物館藏戰國楚竹書》可補其書證。

《漢語大字典·人部》“侌”(卷1/P177):“同‘陰’。《說文·云部》:‘雲覆日也。侌,古文或省。’《玉篇·云部》:‘侌,今作陰。侌,古文。’”無書證。《上海博物館藏戰國楚竹書》可補其書證。

《上海博物館藏戰國楚竹書》用例如下:

《上海博物館藏戰國楚竹書（六）·天子建州乙本》4："文侌（陰）而武昜（陽），信文得吏，信武得田。"簡文意為：禮樂儀制為陰，軍事為陽，用禮樂儀制獲得官吏，用軍事獲得耕種的土地。

在其他簡帛文獻也有用例，如：

《郭店楚墓竹簡·太一生水》5："侌（陰）昜（陽）者，神明之所生也。"

匋：同"陶"。用陶土燒製器皿。（《漢語大詞典》）

匋：同"陶"。用陶土燒製器皿。（《漢語大字典》）

《漢語大詞典·勹部》"匋[1]［táo］"（卷2/P188）："同'陶'。瓦器。《集韻·平豪》：'匋，通作"陶"。'"無書證。《上海博物館藏戰國楚竹書》可補其書證。

《漢語大字典·勹部》"匋（一）táo"（卷1/P286）："用陶土燒製器皿。後作'陶'。《說文·缶部》：'匋，瓦器也。'"無書證。《上海博物館藏戰國楚竹書》可補其書證。

《上海博物館藏戰國楚竹書》用例如下：

《上海博物館藏戰國楚竹書（二）·容成氏》13："昔〔者〕叁（舜）靜（耕）於鬲（鬲）丘，匋（陶）於河賓（濱），魚（漁）於雷澤。"簡文意為：從前，舜在鬲丘這個地方耕種，在河邊燒製陶器，在雷澤打漁。

其他簡帛文獻也有用例，如下：

《郭店楚墓竹簡·窮達以時》2–3："舜咖（耕）於鬲（歷）山，匋（陶）笞（拍）於河固，立而爲天子。"

弍："二"的古字。（《漢語大詞典》）

弍："二"的古字。（《漢語大字典》）

《漢語大詞典·弋部》"弍"（卷2/P1582）："'二'的古字"無書證。《上海博物館藏戰國楚竹書》可補其書證。

《漢語大字典·弋部》"弍"（卷1/P604）："同'二'。〈說文·一部〉：'弌，古文一。'"無書證。兩部大型語文辭書均無書證。《上海博物館藏戰國楚竹書》可補其書證。《上海博物館藏戰國楚竹書》用例如下：

《上海博物館藏戰國楚竹書（三）·彭祖》8："狗（耇）老弍（二）拜旨（稽）首曰：'朕孳不勄（敏），既得昏（聞）道，忎（恐）弗能守。'"稽首，古時一種跪拜禮，叩頭至地，是九拜中最恭敬者。不敏，謙詞。猶如不才。聞道，領會某種道理。

呣："謀"古字。謀慮。（《漢語大詞典》）

呣："謀"古字。謀慮。（《漢語大字典》）

《漢語大詞典·口部》"呣[1]［móu］"（卷3/P315）："①'謀'的古字。謀慮。《玉篇·口部》：'呣，慮也。'《集韻·平侯》：'《說文》"慮難曰謀"……亦書作呣。'"無書證。《上海博物館藏戰國楚竹書》可補其書證。

《漢語大字典·口部》"呣"（卷2/P659）："（一）móu①同'謀'。《玉篇·口部》：'呣，慮也。'《集韻·侯韻》：'謀，亦書作呣。'"無書證。《上海博物館藏戰國楚竹書》可補其書證。

《上海博物館藏戰國楚竹書》用例如下：

《上海博物館藏戰國楚竹書（三）·周易》47：“利貞，母（謀）亡（無）。”利貞，和諧貞正。簡文意為：和諧貞正，沒有謀略。

四、書證提前

《漢語大詞典》與《漢語大字典》兩部大型語文辭書所釋字詞義項的首列書證為所見最早文獻的用例，書證晚出會影響詞源的探討。上博簡乃先秦諸子佚文，年代較早，可提前其書證。現舉四例論之。

因：連詞。因為。（《漢語大詞典》）

因：連詞。因為。（《漢語大字典》）

《漢語大詞典·囗部》“因［yīn］”（卷3/P603）：“⑬連詞。（2）因為；由於。”首列書證為《史記·衛將軍驃騎將軍列傳》，晚於《上海博物館藏戰國楚竹書》。

《漢語大字典·囗部》“因 yīn”（卷2/P766）：“⑤原因；緣故。”首列書證為《史記·魯仲連鄒陽列傳》。晚於《上海博物館藏戰國楚竹書》。《上海博物館藏戰國楚竹書》用例如下：

《上海博物館藏戰國楚竹書（五）·鬼神之明》3-4：“女（汝）以此詰之，則善者或不賞，而暴者或不罰，古（故）吾因加（嘉）？”簡文意為：你用這詰問，那麼善行或許不受賞，暴行或許不被懲罰，那麼難道是我因此所讚許的嗎？

㘣：同“淵”。深淵。(《漢語大詞典》)

㘣：同“淵”。深淵。(《漢語大字典》)

《漢語大詞典·口部》“㘣［yuān］”(卷3/P624)：“‘淵’的古字。”首列書證為北周·衛·元嵩《元包經·太陰》，晚於《上海博物館藏戰國楚竹書》,《上海博物館藏戰國楚竹書》不乏其例。

《漢語大字典·口部》“㘣”(卷2/P770)：“同‘淵’。《說文·水部》：‘㘣，古文（淵）。从口、水。’”首列書證爲《文選·郭璞〈江賦〉》。晚於《上海博物館藏戰國楚竹書》。《上海博物館藏戰國楚竹書》不乏其例。

《上海博物館藏戰國楚竹書》用例如下：

《上海博物館藏戰國楚竹書（三）·彭祖》4：“既只（躋）於天，或（又）椎（墜）於㘣（淵）。”簡文意為：已經達到天上，又墜落到深淵。

它：“蛇”的古字。(《漢語大詞典》)

它：“蛇”的古字。(《漢語大字典》)

《漢語大詞典·宀部》“它²［shé］”(卷3/P1290)：“‘蛇’的古字。《說文·它部》：‘蟲也。从蟲而長，象冤曲垂尾形。上古艸居患它，故相問“無它乎?”徐灝箋：‘它，蛇。古今字。’”首列書證爲宋·羅泌《路史·疏仡紀》。晚於《上海博物館藏戰國楚竹書》。

《漢語大字典·宀部》“它”(卷2/P976)：“（四）shé 蛇。後作‘蛇’。《玉篇·它部》：‘它，蛇也。’《集韻·麻韻》：

‘它，虺屬。’”首列書證宋·羅泌《路史·疏仡紀》。晚於《上海博物館藏戰國楚竹書》。《上海博物館藏戰國楚竹書》用例如下：

《上海博物館藏戰國楚竹書（二）·容成氏》20：“西方之羿（旗）以月，南方之羿（旗）以它（蛇）。”簡文意為：西方之旗以月，南方之旗以蛇。

其他簡帛文獻也有用例，如下：

《郭店楚墓竹簡·老子甲本》33－34：“蟲（螝）蠆蟲它（蛇）弗蓋（螫）。”

《清華大學藏戰國竹簡（叄）·赤鵠之集湯之屋》14：“敹（撤）屋，殺二黃它（蛇）與一白兔。”

昜：“陽”的古字。（《漢語大詞典》）

昜：“陽”的古字。（《漢語大字典》）

《漢語大詞典·日部》“昜［yáng］”（卷5/P662）：“‘陽’的古字。”首列書證為《漢書·地理誌下》，晚於《上海博物館藏戰國楚竹書》。

《漢語大字典·日部》“昜”（卷3/P1607）：“同‘陽’。《說文·勿部》：‘昜，開也。一曰飛揚，一曰長也，一曰彊者眾皃。’段玉裁注：‘此陰陽正字也。陰陽行而侌昜廢矣。’”首列書證為《漢書·地理誌》，晚於《上海博物館藏戰國楚竹書》，《上海博物館藏戰國楚竹書》用例如下：

《上海博物館藏戰國楚竹書（六）·天子建州乙本》4：“文侌（陰）而武昜（陽），信文得吏，信武得田。”簡文意為：

禮樂儀制為陰，軍事為陽，用禮樂儀制獲得官吏，用軍事獲得耕種的土地。

以上利用上博簡這批材料中的字詞從增補條目、增補義項、書證補闕、書證提前四個方面例補兩部大型語文辭書，為兩部大型語文辭書的訂補提供些出土文獻材料，有助於提高兩部大型語文辭書的水平，增強其使用價值。

《漢語大詞典》義項增補十三則
——以秦漢簡爲主要語料

王明明*

摘　要：《漢語大詞典》的編纂語料大都囿於傳世文獻，它所收許多詞的義項存在明顯不足，主要表現爲義項不夠全面。秦漢簡作爲新材料，由於長期埋在地下，未經後人篡改，因而具有極強的真實性。它保存了詞彙在當時的使用面貌，其中的許多舊詞新義對增補《漢語大詞典》的義項具有重大意義。本文以秦漢簡爲主要材料，爲《漢語大詞典》的十三個詞條增補了義項。補正詞條包括：下$_2$吏、出女、行書、實官、數、書見、臂臑、息子、將陽、相雜、蓋屋、踵跡、逋事。

關鍵詞：秦簡；漢簡；《漢語大詞典》；義項；增補

《漢語大詞典》義項的編纂與設立，大多依據古代辭書，因而它所收許多詞的釋義存在明顯缺陷，主要是義項不夠全面，

* 王明明，成都市新都一中城北校區 教師 成都 610504。

不能反映詞語的使用全貌。《漢語大詞典》應盡量將詞義收得齊全一些，這樣其用途就會更廣泛，質量就會更高。漢語中的詞大多數是多義的，秦漢簡文中有許多我們原來不知曉的新詞義，若詳細搜集和整理，必可大大豐富漢語詞義，增補《漢語大詞典》義項。下文均先列詞條及增補的義項，然後指出其在《漢語大詞典》中的釋義，最後加案語來論述增補理由並舉用例來證明。

下$_2$吏：交付司法官吏審訊的人。

《漢語大詞典·一部》（卷 1/P312）“下$_2$吏”詞條下僅有一個義項：“交付司法官吏審訊。”無“交付司法官吏審訊的人”義項，當補。

案：《漢語大詞典》釋義不全面，應當訂正。“下$_2$吏”並非僅作動詞，表示交付司法官吏審訊；它也可是名詞，指交付司法官吏審訊的人。秦漢時把原有一定地位的人交給官吏審處，稱“下吏”，文獻有其例，如《史記·老子韓非列傳》：“秦王以爲然，下吏治非。”其實，這些被下吏的人也可用“下吏”表示，出土秦簡多有其例，在秦代當是個法律常用詞，《漢語大詞典》增補該詞條的名詞義項方才完善。茲舉文獻數例如下：

《睡虎地秦墓竹簡·秦律十八種·工人程》108：“隸臣、下吏、城旦與工從事者冬作，爲矢程，賦之三日而當夏二日。”整理者注：“秦漢時把原有一定地位的人交給官吏審處，稱爲‘下吏’，如《史記·叔孫通傳》：‘於是二世御史案諸生言反者下吏。’此處係名詞，指被‘下吏’的人。古書中或稱下級的吏爲

'下吏'，與簡文不合。冬作，冬季勞作。"

《睡虎地秦墓竹簡·秦律十八種·工人程》134–135："鬼薪白粲，羣下吏毋耐者，人奴妾居贖貲責（債）于城旦，皆赤其衣，枸櫝欙（纍）杕（釱），將司之；其或亡之，有辠（罪）。"

《睡虎地秦墓竹簡·秦律十八種·内史雜》192："下吏能書者，毋敢從史之事。"

《睡虎地秦墓竹簡·秦律十八種·内史雜》193："侯（候）、司寇及羣下吏毋敢爲官府佐、史及禁苑憲盜。"

出女：出嫁女儿。

《漢語大詞典·凵部》（卷2/P476）"出女"詞條下僅有一個義項："已嫁之女。"無"出嫁女兒"義項，當補。

案："出"有從裏面到外面義。《集韻·至韻》："出，自内而外也。""出女"連用，除了作名詞表示"已嫁之女"外，還可作動詞表示出嫁女兒，《大詞典》釋義僅有名詞義，屬於義項漏收，當補。

"出女"作動詞表出嫁女兒，屬於古漢語的常用義，文獻多有其例。兹舉文獻用例如下：

《睡虎地秦墓竹簡·日書甲種》92正壹："七星，百事凶。利以垣。生子，樂。不可出女。"

《睡虎地秦墓竹簡·日書甲種》6背壹："凡取（娶）妻、出女之日，冬三月奎、婁吉。"

《睡虎地秦墓竹簡·日書甲種》2背貳："直参以出女，室必盡。"

《睡虎地秦墓竹簡·日書甲種》3背貳："直營室以出女，父母必從居。"

《睡虎地秦墓竹簡·日書甲種》4背貳："直牽牛、須女出女，父母有咎。"

《睡虎地秦墓竹簡·日書甲種》6背貳："凡參、翼、軫以出女，丁巳以出女，皆棄之。"

《天水放馬灘秦簡·日書乙種》102壹："殺日，勿以殺六畜，不可出女、取（娶）妻、祠祀、出財。"

以上諸例，文意甚明，《漢語大詞典》增補義項爲善。

行書：傳送文書。

《漢語大詞典·彳部》（卷3/P906）"行書"詞條下僅有三個義項："①寫作文書。""②介於草書和楷書之間的一種漢字字體。""③八股文章的選集，所選大都是舉人的作品。也稱'行卷'。"無"傳送文書"義項，當補。

案："行書"一詞除了可以表示上述意思外，還可以作動詞，表示傳送文書的意思。對於後者，由於文獻用例不甚豐富，所以人們對這個義項不熟悉。然而，"行書"表示傳送文書義在秦漢簡文中多有用例，屬於古漢語常用義。竹簡作爲出土文獻具有客觀真實性，爲反映詞語的使用面貌當增收義項爲善。茲舉文獻用例如下：

《睡虎地秦墓竹簡·秦律十八種·行書》183："行命書及書署急者，輒行之；不急者，日觱（畢），勿敢留。留者以律論之。行書。"

《睡虎地秦墓竹簡·秦律十八種·行書》184–185："行傳書、受書，必書其起及到日月夙莫（暮），以輒相報殹（也）。書有亡者，亟告官。隸臣妾老弱及不可誠仁者勿令。書廷辟有曰報，宜到不來者，追之。行書。"

《里耶秦簡》J1（8）143："病者無小，今止行書徒更戍城父柘。"

《張家山漢墓竹簡（247號墓）·二年律令·行書律》269–270："發徵及有傳送，若諸有期會而失期，乏事，罰金二兩。非乏事也，及書已具，留弗行，行書而留過旬，皆盈一日罰金二兩。"

《張家山漢墓竹簡（247號墓）·二年律令·行書律》273："郵人行書，一日一夜行二百里。"

《張家山漢墓竹簡（247號墓）·二年律令·行書律》274–275："諸行書而毀封者，皆罰金一兩。"

《張家山漢墓竹簡（247號墓）·二年律令·津關令》491："郵、門亭行書者得以符出入。"

《居延新簡》EPT65.315："禹令卒龐耐行書，夜昏五分，付遮虜置吏辛戎。"

實官：貯藏糧食的官府。

《漢語大詞典·宀部》（卷3/P1616）"實官"字條下僅有一個義項："有實際職務的官職。"無"貯藏糧食的官府"義項，當補。

案："實"字有禾穀、穀實義，古書有其證，如《國語·晉語三》："已賴其地，而又愛其實。"韋昭注："實，穀也。"又《儀禮·聘禮》："門外米禾皆二十車。"鄭玄注："禾、槀實並刈之也。"胡培翬正義："實，謂禾穀。"綜上，"實官"連用指貯藏糧食的官府。

"實官"一詞在睡虎地秦簡里多有其例，又見於嶽麓書院藏秦簡和漢簡中，屬於常用詞彙，《漢語大詞典》增補該義項爲善。茲舉文獻數例如下：

《睡虎地秦墓竹簡·秦律十八種·效》162："實官佐、史柀免、徙，官嗇夫必與去者效代者。"

《睡虎地秦墓竹簡·秦律十八種·内史雜》194："有實官縣料者，各有衡石羸（纍）、斗甬（桶），期踐。"

《睡虎地秦墓竹簡·秦律十八種·内史雜》195："有實官高其垣墻。它垣屬焉者，獨高其置芻廥及倉茅蓋者。"

《睡虎地秦墓竹簡·法律答問》149："實官户關不致，容指若抉，廷行事貲一甲。"

《睡虎地秦墓竹簡·法律答問》150："實官户扇不致，禾稼能出，廷行事貲一甲。"

《嶽麓書院藏秦簡·爲吏治官及黔首》67 叁–68 叁："實官出入，積案（索）求監。"

《張家山漢墓竹簡（247 號墓）·二年律令·效律》349："實官史免徙，必效。"

數：名數，户籍。

《漢語大詞典·支部》（卷 5/P506）"數"詞頭下有十八個

義項，無“名數，户籍”義項，當補。

案：“數”有户籍義。表示户籍時，“數”既可以單獨使用，也可以與“名”結合成“名數”來使用。“數”的這個義項屬於常用義，古書多有其例，《漢語大詞典》卻未收該義項，根據文獻材料增補該義項爲善。兹舉文獻用例如下：

《睡虎地秦墓竹簡·秦律十八種》61-62：“隸臣欲以人丁粼者二人贖，許之。其老當免老、小高五尺以下及隸妾欲以丁粼者一人贖，許之。贖者皆以男子，以其贖爲隸臣。女子操敃紅及服者，不得贖。邊縣者，復數其縣。”整理者注：“數，即名數。”

《睡虎地秦墓竹簡·法律答問》147：“甲徙居，徙數謁吏，吏環，弗爲更籍，今甲有耐、貲辠（罪），問吏可（何）論？耐以上，當貲二甲。”整理者注：“數，户籍。”

《張家山漢墓竹簡（247號墓）·二年律令·收律》176-177：“夫有罪，妻告之，除于收及論；妻有罪，夫告之，亦除其夫罪。毋夫，及為人偏妻，為户若别居不同數者，有罪完舂、白粲以上，收之，毋收其子。内孫毋為夫收。”

《張家山漢墓竹簡（247號墓）·二年律令·户律》328-329：“恒以八月令鄉部嗇夫、吏、令史相雜案户籍，副臧（藏）其廷。有移徙者，輒移户及年籍爵細徙所，並封。留弗移，移不并封，及實不徙數盈十日，皆罰金四兩；數在所正、典弗告，與同罪。”整理者注：“數，指户口。”

《張家山漢墓竹簡（247號墓）·奏讞書》10-11：“點曰：

媢故點婢，楚時亡，六年二月中得媢，媢未有名數，即占數，賣祿所，它如祿、媢。”

《漢書·石奮傳》：“元封四年，關東流民二百萬口，無名數者四十萬。”顔師古曰：“名數，若今户籍。”

《漢書·高祖紀下》：“民前或相聚保山澤，不書名數。”顔師古曰：“保，守也，安也。守而安之，以避難也。名數，謂户籍也。”

晝見：中午晉見。

《漢語大詞典·日部》（卷5/P750）“晝見（jiàn）”詞條下僅有兩個義項：“①白晝晉見”“②白晝看見”無“中午晉見”義項，當補。

案：“晝”字有日中、中午義，《玉篇·畫部》：“晝，日正中。”如《孟子·滕文公上》：“晝爾幹茅”孫奭疏：“晝，日中也。”又《漢書·蕭望之傳》：“（望之）飲鴆自殺……是時太官方上晝食，上乃卻食，爲之涕泣，哀慟左右。”又《天水放馬灘秦簡·日書甲種》58貳：“辰：旦有言，不聽；安（宴）許；晝不聽；夕請謁，聽。”又《天水放馬灘秦簡·日書甲種》59貳：“巳：旦不聽，安（宴）聽，晝不聽，夕得後言。”“見”有晉見義，《左傳·莊公十年》：“十年春，齊師伐我。公將戰。曹劌請見。”“晝見”連用自然可以表示中午晉見。

“晝見”一詞表示中午晉見義，在傳世文獻中不多見，但在秦簡中多有用例，屬於古漢語常用義。竹簡作爲出土文獻具有客觀真實性，爲反映詞語的使用面貌當增收義項爲善。兹舉文獻用例如下：

《睡虎地秦墓竹簡·日書甲種》157 正壹－157 正伍："子，朝見，有告，聽。晏見，有告，不聽。晝見，有美言。日虒見，令復見之。夕見，有美言。""朝、晏、晝、日虒、夕"爲五個時間段，時間從早到晚，"旦"指早上；"晏"在旦時與晝時之間，大概 7–9 點；"晝"指中午；"日虒"指太陽偏西；"夕"指傍晚。

《睡虎地秦墓竹簡·日書甲種》158 正壹－158 正伍："丑，朝見，有奴（怒）。晏見，有美言。晝見，禺（遇）奴（怒）。日虒見，有告，聽。夕見，有惡言。"

《睡虎地秦墓竹簡·日書甲種》159 正壹－159 正伍："寅，朝見，有奴（怒）。晏見，説（悦）。晝見，不得，復。日虒見，不言，得。夕見，有告，聽。"

《睡虎地秦墓竹簡·日書甲種》160 正壹－160 正伍："卯，朝見，喜；請命，許。晏見，説（悦）。晝見，有告，聽。日虒見，請命，許。夕見，有奴（怒）。"

《睡虎地秦墓竹簡·日書甲種》161 正壹－161 正伍："辰，朝見，有告，聽。晏見，請命，許。晝見，請命，許。日虒見，有告，不聽。夕見，請命，許。"

《睡虎地秦墓竹簡·日書甲種》162 正壹－162 正伍："巳，朝見，不説（悦）。晏見，有告，聽。晝見，有告，不聽。日虒見，有告，禺（遇）奴（怒）。夕見，有後言。"

《睡虎地秦墓竹簡·日書甲種》163 正壹－163 正伍："午，

朝見，不詒（怡）。晏見，百事不成。晝見，有告，聽。日虒見，造，許。夕見，説（悦）。”

《睡虎地秦墓竹簡·日書甲種》164正壹–164正伍：“申，朝見，禺（遇）奴（怒）。晏見，得語。晝見，不説（悦）。日虒見，有後言。夕見，請命，許。”

臂臑：人的上肢。

《漢語大詞典·月部》（卷6/P1399）“臂臑”詞條下僅有一義項：“①牲畜前體的中、下部。”無“人的上肢”義項，當補。

案：“臂”可指人的胳臂義。《説文·肉部》：“臂，手上也。”《廣雅·釋親》：“肱謂之臂。”如《左傳·襄公十四年》：“公孫丁授公轡而射之，貫臂。”“臑”亦可指人的胳膊，如《靈樞經·經脈》：“頷腫大可以顧，肩似拔，臑似折。”“臂臑”連用自然可以表示人的上肢。

“臂臑”表示人的上肢之義，出土簡文多有其例，同時該詞義也見於其他簡和傳世文獻，當屬於常用義。兹舉文獻用例如下：

《黄帝内經·素問·至真要大論》：“民病胸中煩熱，嗌乾，右胠滿，皮膚痛，寒熱欬喘，大雨且至，唾血血泄，鼽衄嚏嘔，溺色變，甚則瘡瘍胕腫，肩背臂臑及缺盆中痛，心痛肺䐜，腹大滿，膨膨而喘欬，病本於肺，尺澤絕，死不治。”

《睡虎地秦墓竹簡·日書甲種》70背：“盜者大鼻，長頸，大辟（臂）臑而僂，疵在目，臧（藏）牛廄中草木下。多〈名〉徐善趆以未。”

《睡虎地秦墓竹簡 · 日書甲種》71 背："盜者壯，希（稀）須（鬚），面有黑焉，不全於身，從以上辟（臂）臑梗大，疵在辟（臂），臧（藏）於瓦器閒，旦閉夕啓西方。"

息子：畜禽繁殖的下一代，多指幼雛。

《漢語大詞典 · 心部》（卷 7/P501）"息子"詞條下有兩個義項："①親生兒子。""②方言。稱曾孫。"無"禽獸繁殖的下一代，多指幼雛"義項，當補。

案："息"有子義，字書有其證，《正字通 · 心部》："息，子息。子吾所生者，故曰息。"文獻有用例，如《戰國策 · 趙策四》："老臣賤息舒祺，最少，不肖。"又如南朝 · 梁 · 徐防《長安有狹邪行》："大息登金馬，中息謁承明，小息偏愛幸，走馬曳長纓。"由此可見，"息子"是個同義複合詞，從該詞出現的語言環境來看，它既可以用於人，也用於指畜禽的下一代，且多指幼雛。《漢語大詞典》釋義不全面，可據秦簡語料補正。秦簡中不乏其例，茲舉文獻用例如下：

《睡虎地秦墓竹簡 · 秦律十八種 · 倉律》63："豬[①]、雞之息子不用者，買（賣）之，別計其錢。"

《睡虎地秦墓竹簡 · 爲吏之道》26 叁–27 叁："金錢羽旄，息子多少。"

《里耶秦簡》J1（8）1516："廿六年十二月癸丑朔庚申，遷陵守祿敢言之：沮守瘳言：課廿四年畜息子得錢殿。沮守周主。

① 豬，原釋文作"猪"，據圖版改。

爲新地吏，令縣論言史（事）。問之，周不在遷陵。敢言之。”

將陽：秦漢罪名，指因遊蕩而擅離崗位、曠工的非法行爲。

《漢語大詞典·爿部》（卷7/P810）“將陽”詞條下有一個義項：“徘徊；搖動貌。”無“秦律罪名，指因遊蕩而擅離崗位、曠工的非法行爲”義項，當補。

案：“將陽”一詞在秦漢簡文中屢見，表示秦律罪名，指因遊蕩而擅離崗位、曠工的非法行爲。其得罪之由蓋與該詞本意有關，“將陽”一詞在傳世文獻中的意思是徘徊、搖動貌。《尚書大傳》卷一下：“羲伯之樂，舞將陽，其歌聲比大謠，名曰《朱于》。”鄭玄注：“將陽，言象物之秀實動搖也。”清朱駿聲《說文通訓定聲·壯部》：“將陽，猶相羊也。”由徘徊、搖動引申有遊蕩閒逛之意，故該罪獲罪之由蓋因遊蕩而造成擅離崗位、曠工的非法行爲。竹簡作爲出土文獻具有客觀真實性，爲反映詞語的使用面貌當增收義項爲善。

“將陽”表示罪名在秦漢簡文中多有其例，屬於古漢語常用義。茲舉文獻用例如下：

《睡虎地秦墓竹簡·法律答問》163：“不會，治（笞）；未盈卒歲得，以將陽有（又）行治（笞）。”“將陽”，整理者注：“在此意爲遊蕩。”

《睡虎地秦墓竹簡·封診式》97：“以二月丙子將陽亡，三月中逋築宮廿日，四年三月丁未籍一亡五月十日，毋（無）它坐。”“將陽亡”，整理者譯文：“遊蕩逃亡”。

《嶽麓書院藏秦簡（叁）·暨過誤失坐官案》96正：“公士

冢田橘將陽，未庳（斥）自出，當復田橘，官令戍，逯（録）弗得。”整理者譯文：“公士冢爲橘官種地，（擅離崗位去）遊逛，（在）没受到指責（前）自動投案，應該返回橘官種地，（但）主管官府命令守邊，（暨）省察（時）未能查覺。”

《里耶秦簡》J1（8）1716：“毋將陽闌亡乏户。”

《張家山漢墓竹簡（247 號墓）·奏讞書》212：“乃收訊其士五（伍）武，曰：將陽亡而不盗傷人。”

相雜：共同；一起。

《漢語大詞典·目部》（卷 7/P1164）“相雜”詞條下僅有一個義項：“相間；交相混雜。”無“共同”義項，當補。

案：“相”有共同義，《廣韻·陽韻》：“相，共供也。”此爲其證。文獻有其例，如《孟子·公孫丑上》：“又有微子、微仲、王子比干、箕子、膠鬲，皆賢人也。相與輔相之，故久而後失之也。”又馮延巳《抛球樂》：“且上高樓望，相共憑欄看月生。”“雜”亦有共同義，《國語·越語下》：“逆節萌生，天地未形，而先爲之徵，其事是以不成，雜受其刑。”韋昭注：“雜，猶俱也。”又《漢書·雋不疑傳》：“公車以聞，詔使公卿將軍中二千石雜識視。”顔師古注：“雜，共也。”又《睡虎地秦墓竹簡·效律》32–33：“倉嗇夫及佐、史，其有免去者，新倉嗇夫、新佐、史主廥者、必以廥籍度之。其有所疑，謁縣嗇夫，縣嗇夫令人復度及與雜出之。”綜上，“相雜”連用表共同義。

“相雜”表示共同，簡文多有其例，屬於古漢語常用義。玆舉文獻用例如下：

《睡虎地秦墓竹簡·秦律十八種·倉律》21-22："縣嗇夫若丞及倉、鄉相雜以印之，而遺倉嗇夫及離邑倉佐主稟者各一户以氣（餼），自封印，皆輒出，餘之索而更爲發户。"

《睡虎地秦墓竹簡·秦律十八種·倉律》26-27："長吏相雜以入禾倉及發，見㕙[①]之粟積，義積之，勿令敗。"

《睡虎地秦墓竹簡·效》168-170："是縣入之，縣嗇夫若丞及倉、鄉相雜以封印之，而遺倉嗇夫及離邑倉佐主稟者各一户，以氣（餼）人。其出禾，有（又）書其出者，如入禾然。"

《睡虎地秦墓竹簡·效》175-176："入禾、發屚（漏）倉，必令長吏相雜以見之。芻稾如禾。"

《睡虎地秦墓竹簡·效律》28-29："是縣入之，縣嗇夫若丞及倉、鄉相雜以封印之，而遺倉嗇夫及離邑倉佐主稟者各一户，以氣（餼）人。其出禾，有（又）書其出者，如入禾然。"

《睡虎地秦墓竹簡·效律》37："入禾及發屚（漏）倉，必令長吏相雜以見之。芻稾如禾。"

《張家山漢墓竹簡（247 號墓）·二年律令·户律》328："恒以八月令鄉部嗇夫、吏、令史相雜案户籍，副臧（藏）其廷。"

蓋屋：建造房屋。

《漢語大詞典·艸部》（卷 9/P497）"蓋屋"詞條僅有一個義項："古星名。屬危宿，共二星。"無"建造房屋"義項，當

---

① 㕙，一説釋"彔（録）"。

補。

案："蓋屋"一詞在古籍中最常用的意義是建造房屋，此義雖甚淺顯，但作爲常用義，使用頻率極高，爲全面反映詞語使用面貌，辭書收之爲善。

《漢語大詞典》收有"營室"詞條，其下義項爲"①星名。即室宿，二十八宿之一。""②營造宫室"。"營室"與"蓋屋"，結構相同，意義相近，根據詞義的系統性和思維的邏輯性，《漢語大詞典》收"蓋屋"時亦當收最常用義項。

"蓋屋"表示建造房屋，文獻多有用例，屬於古漢語常用義。兹舉文獻用例如下：

《睡虎地秦墓竹簡·日書甲種》33 正："雖雨，齊（霽）。不可復（覆）室蓋屋。"

《睡虎地秦墓竹簡·日書甲種》38 正："可以穿井、行水、蓋屋、飲樂、外除。"

《睡虎地秦墓竹簡·日書甲種》68 正壹："角，利祠及行，吉。不可蓋屋。"

《睡虎地秦墓竹簡·日書甲種》1 背："春三月季庚辛，夏三月季壬癸，秋三月季甲乙，冬三月季丙丁，此大敗日，取（娶）妻，不終；蓋屋，燔；行，傅；毋可有爲，日衝。"

《天水放馬灘秦簡·日書乙種》94 壹："三月庚辛、六月壬癸、九月乙〈甲〉甲〈乙〉①、十二月丙丁，不可興垣、蓋屋、

① 乙〈甲〉甲〈乙〉，原釋文作"甲乙"，據圖版及文意改。

上材、爲祠、大會，兇（凶）。雖（唯）利壞[1]徹，是是日衝[2]。"

《黄帝内經·素問·方盛衰論篇》："脾氣虚，則夢飲食不足，得其時則夢築垣蓋屋。"

《孔家坡漢墓簡牘》38："利以穿井、溝、竇，行水，蓋屋，畬（飲）藥，外除。"

《孔家坡漢墓簡牘》246："蓋屋良日，卯、未、丑，皆吉。瓬（築）室良日，乙丑、己亥、壬寅、丁酉、丁丑、辛、癸未。"

踵迹：按蹤跡或線索追尋。

《漢語大詞典·足部》（卷10/P519）"踵迹"詞條下僅有一個義項："亦作'踵跡'。猶繼承。"無"按蹤跡或線索追尋"義項，當補。

案："踵"可以表示跟隨、跟蹤。唐·玄應《一切經音義》卷四引《説文》曰："踵，相迹也。"清·沈濤《説文古本考》："葢古本以'相迹'爲正解。"如《左傳·昭公二十四年》："吳踵楚，而疆埸無備，邑能無亡乎？"又《漢書·武帝紀》："步兵踵軍後數十萬人。"顔師古注："踵，接也，猶言躡其踵。""迹"可以表示痕跡。如《韓非子·主道》："掩其迹，匿其

① 壞，原釋文作"壤"，據圖版改。

② 衝，原釋文作"坌"，據圖版改。

端。"又舊題漢·李陵《答蘇武書》:"滅迹掃塵,斬其梟首。""踵迹"自然可以表示按蹤跡或線索追尋。

"踵迹"表示按蹤跡或線索追尋,在傳世文獻用例不豐,然而,該詞在漢簡文中不乏用例,屬於古漢語常用義。竹簡作爲出土文獻具有客觀真實性,爲反映詞語的使用面貌當增收義項爲善。茲舉文獻用例如下:

《居延漢簡》178.16:"熹踵迹逐到第十隧。"

《居延漢簡》123.60:"從迹入塞及出塞,爲[1]踵迹窮追。"

《居延新簡》EPF22.414:"明旦踵迹,野馬,非虜。"

《居延新簡》EPT27.30:"謹逆踵迹。"

逋事:逃避役使。多指逃避官府的役使。

《漢語大詞典·辵部》(卷10/P878)"逋事"詞條下僅有一個義項:"積壓的公事。"無"逃避官府役使"義項,當補。

案:"逋"有逃避義,《說文·辵部》:"逋,亡也。"《廣雅·釋言》:"逋,竄也。"此其證也。《左傳·僖公十五年》:"六年其逋,逃歸其國。"杜預注:"逋,亡也。""事"有役使義,《廣韻·志韻》:"事,使也。"《類篇·史部》:"事,令也。"此其證也。《漢書·高帝紀下》:"令吏卒從軍至平城及守城邑者皆復終身勿事。"顏師古注:"事,役使也。"綜上,"逋事"連用自然可以表示逃避役使。

"逋事"在秦漢簡文中不乏其例,據簡文内容來看,是逃避

① 爲,一说釋"各"。

官府役使之義。茲舉文獻用例如下：

《睡虎地秦墓竹簡·法律答問》164："可（何）謂'逋事'及'乏繇（徭）'？律所謂者，當繇（徭），吏、典已令之，即亡弗會，爲'逋事'；已閱及敦（屯）車食若行到繇（徭）所乃亡，皆爲'乏繇（徭）'。"

《睡虎地秦墓竹簡·封診式》13-14："男子某辭曰：'士五（伍），居某縣某里，去亡。'可定名事里，所坐論云可（何），可（何）辠（罪）赦，【或】覆問毋（無）有，幾籍亡，亡及逋事各幾可（何）日，遣識者當騰（謄），騰（謄）皆爲報，敢告主。"

《張家山漢墓竹簡（247 號墓）·二年律令·亡律》157："吏民亡，盈卒歲，耐；不盈卒歲，毄（繫）城旦舂；公士、公士妻以上作官府，皆償亡日。其自出殹（也），笞五十。給逋事，皆籍亡日，軵數盈卒歲而得，亦耐之。"

因篇幅受限，以上所論只是蜻蜓點水，也非全面論述，然而我們可以清楚地看到秦漢簡在增補《漢語大詞典》義項方面的重要意義。其實，秦漢簡只是簡帛文獻中的一部分，但是其中的舊詞新義就已經俯拾皆是了，簡帛的辭書學價值自然不言而喻。筆者期待辭書編纂者更加重視出土簡帛，對簡帛的詞彙進行系統整理，必將有利於辭書的完善。

《漢語大詞典》義項增補十二則
——以馬王堆漢墓遣策為主要研究材料

陳順容*

摘　要： 通過分析馬王堆漢墓遣策詞語的詞義，結合《漢語大詞典》所收之詞的義項進行分析探討，從而增補《漢語大詞典》詞語的義項。《漢語大詞典》義項增補凡十二則：介、器、常、𣐭、早、牛首、白魚、聶、苴、資、黃卷、鮍。

關鍵詞： 馬王堆漢墓；遣策；《漢語大詞典》；義項增補

馬王堆一號墓和三號墓出土了大批遣策，遣策中所記之物極其豐富，且能與大多數出土物相吻合。馬王堆漢墓遣策的發現，在一定程度上為我們提供了一些漢代的文獻研究資料，對於我們瞭解漢代的文字、名物制度、衣食住行及喪葬禮俗等有十分重要的意義。本文主要通過分析馬王堆漢墓遣策的詞語，

* 陳順容，西南大學漢語言文獻研究所 2015 屆碩士研究生 重慶 400715；重慶市萬州第二高級中學 教師 重慶 404100。

結合《漢語大詞典》所收之詞的義項進行分析探討，從而增補《漢語大詞典》詞語的義項，對《漢語大詞典》的編撰修訂盡微薄之力。

介：通“芥”，芥菜，蔬菜名。

《漢語大詞典·人部》“介[1]［jiè］（卷1/P1071）①”無“芥菜”這個義項，當補。

介，通“芥”。清·朱駿聲《說文通訓定聲·泰部》：“介，今俗以芥爲之。”《說文·艸部》：“芥，菜也。”《禮記·內則》有“膾，春用蔥，秋用芥。”“介”、“芥”，上古音都屬月部見母，音近義通。《漢語大詞典·人部》“介”：“㉘通‘芥’。（1）小草。（2）細小的梗塞物。”

《馬王堆三號漢墓·遣策》第233支簡“殭、芥各一器”和《鳳凰山8號漢墓·遣策》第159支簡“芥一篘（篘）”，直接將“介”寫作“芥”。這就證明朱駿聲的觀點：“介，今俗以芥為之。”需指出的是，《漢語大字典·人部》“介［jiè］”：“㉖通‘芥’。1芥子。2芥蒂”，也無“蔬菜名，芥菜”此義項。因此，“介”應增加“芥菜，蔬菜名”這個最常用的新義項。以下僅舉兩例：

《張家山247號漢墓·遣策》17：“鹽介（芥）一箵，回璧四具。”鹽介，即“鹽芥”，就是用鹽醃過的芥菜。箵，此處指

① 卷1/P1071：卷1表示該詞在《漢語大詞典》的第一卷，P1071意為第1071頁。卷1/P1071表示該詞在《漢語大詞典》的第一卷第1071頁。

盛放器物的筒狀器具，在此用作量詞。回璧，指有迴旋花紋的玉。此句意為：用鹽醃過的芥菜一筒，有迴旋花紋的玉四個。

《張家山 247 號漢墓 · 遣策》19："醬一筩，介（芥）一椑。"醬，就是肉醬。筩，此處指盛放器物的筒狀器具，在此用作量詞。介，芥菜。椑，盒類容器。此句意為：肉醬一筒，芥菜一盒。

《漢語大字典 · 人部》"介"通"芥"有'芥子'和'芥蒂，喻小嫌隙'"兩個義項，釋義不全，"芥"的最常用義爲"芥菜"（蔬菜名）。

器：量詞。

《漢語大詞典 · 口部》"器¹［qì］（卷 3/P521）"下無"量詞。"此義項，當補。

"器"的本義為"器具"。《說文 · 㗊部》："器，皿也。"段玉裁注："器乃凡器統稱。"

"器"由名詞"器皿"引申為"量詞"。像這種名量詞，也就是由名詞引申為量詞的詞在遣策中比比皆是，如："笥"（釋曰"即竹箱，竹筐，相當於量詞筐、箱"）、"鼎"（釋曰"本指有足的炊器，也用於盛食物，用為盛食物的個體單位量詞"）、"囊"（釋曰"本指袋裝盛食器，用作盛物個體單位量詞"）等等。

又，傳世文獻中也有這樣的用法：《宋書 · 張邵傳附張暢》："孝武遣送酒二器。"明 · 張四維《雙烈記 · 寫意》："我今日口占二詞，吩咐廚下蒸羊糕一器，並二詞送去作謝。"

並且《漢語大字典·口部》中“器”下第十一個義項就是“量詞。”

故《漢語大詞典·口部》“器［qì］”下應增加“量詞。”這個新義項。以下僅舉幾例：

《馬王堆漢墓一號漢墓·遣策》51：“牛濯胃一器。”

《馬王堆漢墓一號漢墓·遣策》62：“牛肩一器。”

《馬王堆漢墓三號漢墓·遣策》214“豕肩一器。”

《湖北江陵鳳凰山167號漢墓·遣策》47：“肉醬一器。”

《湖北江陵鳳凰山167號漢墓·遣策》48：“酟酒一器。”

常：常，同“裳”。裙子。

《漢語大詞典·巾部》“常[1]［cháng］（卷3/P733）”下無“常，同‘裳’。裙子。”此義項，當補。

常，同“裳”。裙子。《說文·巾部》：“常，下帬也。”段玉裁注：“今字裳行而常廢矣。”《玉篇·巾部》：“常，帬也。今作裳。”《逸周書·度邑》：“叔旦泣涕於常，悲不能對。”

又，《說文·巾部》：“常，下帬也。裳，常或从衣。”徐鉉曰：“下直而垂，象巾，故从巾。今文作裳。”由此可知，“裙子”是“常”的本義，從這一點來看，“常”更應收錄“同‘裳’。裙子。”此義項。

並且《漢語大字典·巾部》中“常”下第一個義項就是“常，同‘裳’。裙子。”

故，《漢語大詞典·巾部》“常［cháng］”下應增加“常，同‘裳’。裙子。”這個新義項。以下僅舉幾例：

《馬王堆漢墓三號漢墓·遣策》374："素常二。"

《馬王堆漢墓三號漢墓·遣策》405："緹禪便常一。"

《馬王堆漢墓三號漢墓·遣策》407："緹禪便常一。"

棘：酸棗。

《漢語大詞典·木部》"棘[1]［jí］（卷4/P1104）"下無"酸棗。"這個義項，當補。

棘，酸棗。《説文·朿部》："棘，小棗叢生者。"《急就篇》卷三："酸棗之樹也。"《詩·魏風·園有桃》："園有棘，其實之食。"毛傳："棘，棗也。"《楚辭·劉向〈九歎·愍命〉》："折芳枝與瓊華兮，樹枳棘與薪柴。"王逸注："小棗爲棘。"《資治通鑒·梁簡文帝大寶二年》："使突騎左右守之，牆垣悉布枳棘。"胡三省注："棘似棗而多刺。"

《漢語大詞典·木部》"梨"（釋曰："梨樹的果實。"）、"栗"（釋曰："栗樹的果實。"）、"李"（釋曰："指李樹的果實"）等都有"果實"義，故"棘"不僅有"酸棗樹"義，還應有"酸棗"義。

因此，"棘[1]［jí］"應增加"酸棗"這個新義項。以下僅舉幾例：

《馬王堆漢墓一號漢墓·遣策》113："棘糗一笥。"

《馬王堆漢墓一號漢墓·遣策》133："棘一笥。"

《馬王堆漢墓三號漢墓·遣策》191："棘一笥。"

從文意上看，也是如此。"棘一笥"指的是"一箱子酸棗"，並不是"一箱子酸棗樹"。

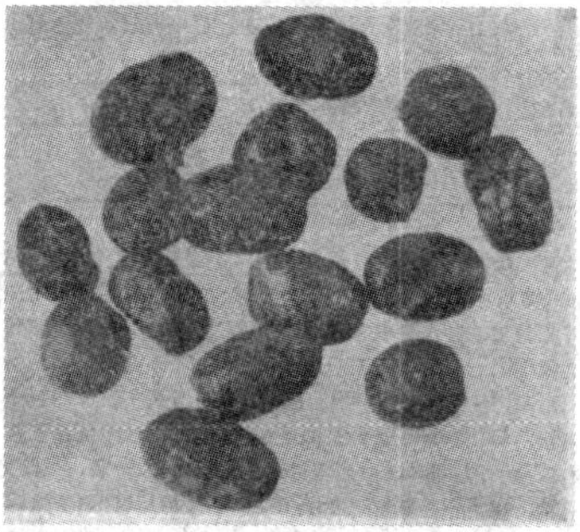

棗

（《馬王堆二、三號墓發掘簡報》，載《文物》1974 年第 7 期，第 47 頁。）

早：通“皁 1”。黑色。

《漢語大詞典·日部》“早[2]［zào］（卷 5/P558）”下只有“通‘皁 1’。指柞栗之屬”一個義項。無“通‘皁 1’。黑色”這個義項，當補。

早，就是“皁（皂）”。《廣雅·釋器》：“早，黑色。”王念孫疏證：“陸璣《毛詩疏》云：‘早鬥殼為汁，可以染早。’《說文》作草，俗作皁。”《玉篇·白部》：“皁，色黑也。”

並且《漢語大字典·日部》“早［zào］”下第六個義項下就有“黑色”這個義項。

因此，“早[2]”應增加“通‘皁 1’。黑色”這個新義項。這在簡帛中不乏其例，以下僅舉幾例：

《馬王堆三號漢墓·遣策》331：“早巾一。”

《馬王堆三號漢墓·遣策》401：“早複衣一，早椽。”

《尹灣6號漢墓·遣策》1.2.1："早複衣一領。"

《尹灣6號漢墓·遣策》1.3.6："早布大絝二。"

牛首：牛的頭。

《漢語大詞典·牛部》"牛首（卷6/P230）"下有"漢池名"和"指牛首阿旁"兩個個義項，無"牛的頭"此義項，當補。

也許讀者認為這個義項顯而易見，但是作為編撰者在編撰辭書的時候，一定要嚴謹，比如《漢語大詞典》中就有"馬首"一詞，第一個義項就是"馬的頭"，既然如此，那麼"牛首"的第一個義項也應該是"牛的頭"。像這類顯而易見的詞語還有很多，在這裡就不累贅。故應增加"牛的頭"這個義項。

《馬王堆一號漢墓·遣策》1："牛首酪羹一鼎。"

《馬王堆一號漢墓·遣策》86："牛首、筍酪羹一鼎。"

白魚：即"鯫"。

《漢語大詞典·魚部》"白魚（卷8/P194）"下共有以下義項："①即白鰷""②衣服、書籍中的一種蛀蟲。通稱蠹魚。""③麥類中的一種害蟲。"無"即'鯫'。"這個義項，當補。

"白魚"即"鯫"。《說文·魚部》："鯫，白魚也。"段玉裁注："白而小之魚也。"《廣雅·釋魚》："鮊，鱎也。"王念孫疏證："今白魚生江湖中，鱗細而白，首尾俱昂，大者長六、七尺，一名鯫。"

並且《漢語大字典·魚部》"鯫[1]［zōu］"下第三個個義項就是"白魚"。

因此，“白魚”應增加“即‘鰒’”這個新義項。以下僅舉幾例：

《馬王堆漢墓一號漢墓·遣策》49：“白魚五聑。”

《馬王堆漢墓三號漢墓·遣策》108：“白魚廿聑。”

《張家山247號漢墓·遣策》21：“白魚一，脯篋（奩）一合。”

聶：碎小的。

《漢語大詞典·耳部》“聶[2]［zhé］（卷8/P707）”下只有“切成薄片的肉”一個義項。無“碎小的”這個義項，當補。

《漢語大字典·耳部》：“聶，通牒，切肉成薄片。”《集韻·叶韻》：“牒，切也。通作聶。”朱駿聲《說文通訓定聲》：“聶，借為牒。”《禮記·少儀》：“牛與羊之腥，聶而切之為膾。”鄭玄注：“聶之言牒也。先藿葉切之，復報切之，則成膾也。”此處聶取其碎之意，出土物中掛有“繒聶幣笥”、“麻布聶幣笥”木牌的竹笥內盛着絲織品碎片①。

顯然，“碎小的”是由“切成薄片的肉”中的“薄”義引申而來的。既然肉可以是“薄”的，那麼，布帛等其他物品也一樣可以是“薄”的，即“碎小的”。像這類由特指某一東西進而引申為泛指其他東西的詞語在《漢語大詞典》或《漢語大字典》中是很常見的，這裡就不一一列舉了。

① 賀強：《馬王堆漢墓遣策校釋》，西南大學碩士學位論文，2006年6月通過，第35頁。

因此，“聶²”應增加“碎小的”這個新義項。以下僅舉兩例：

《馬王堆漢墓一號漢墓·遣策》284：“合青笥二合、盛聶敝。”敝，即“幣”字。“敝”、“幣”古音同屬並母月部。《説文·巾部》：“幣，帛也。从巾，敝聲。”聶敝，即碎帛片①。

《馬王堆漢墓三號漢墓·遣策》385：“聶敝二笥。”

苴：同“菹”。醃製酸菜。

《漢語大詞典·艸部》“苴［zū］（卷9/P336）”下無“同‘菹’。醃製酸菜”這個義項，當補。

“苴”，“同‘菹’。醃製酸菜”。《集韻·魚韻》：“菹，《説文》：‘酢菜也。’或作苴。”《釋名·釋飲食》：“菹，阻也，生釀之，使阻於寒溫之間，不得爛也。”酢，《急就篇》卷三：“酸鹹酢淡辨濁清。”顔師古注：“大酸謂之酢。”

並且《漢語大字典·艸部》“苴［zū］”下就有“同‘菹’。腌菜”這個義項，無書證，現簡帛材料可補其書證。

因此，“苴”應增加“同‘菹’。醃製酸菜”這個新義項。以下僅舉幾例：

《馬王堆漢墓一號漢墓·遣策》155：“筍苴一資。”

《馬王堆漢墓一號漢墓·遣策》156：“瓜苴一資。”

《馬王堆漢墓一號漢墓·遣策》157：“┃右方苴五牒、資

① 賀強：《馬王堆漢墓遣策校釋》，西南大學碩士學位論文，2006年6月通過，第35頁。

五。"

《馬王堆漢墓三號漢墓·遣策》125："瓜苴一資。"

《馬王堆漢墓三號漢墓·遣策》126："筍苴一資。"

資：後來寫作"瓷"。本指硬陶罐，用為盛物的個體單位量詞。

《漢語大詞典·貝部》"資[1]［zī］（卷10/P199）"下共有30個義項，卻無"後來寫作'瓷'。本指硬陶罐，用為盛物的個體單位量詞"這個義項，當補。

資，墓中出土的有釉硬陶罐上有"鹽一資"、"□□資"的木牌，而且墓中也出土了簡139、簡155所記載的裝有梅、筍的"資"，就是硬陶罐。所以此處資就是硬陶罐①。唐蘭先生認爲，"資"字當是漢代以後後起字"瓷"的前身②。"瓷"字的出現，以前所知最早用例是西晉初年的文獻材料，"資"的出現，對於我國陶瓷歷史的研究，具有重大的意義③。

遣策中"肉醬一資、瓜醬一資、筍苴一資"中的"資"就是由"瓷"中的"硬陶罐"引申為"用為盛物的個體單位量

---

① 賀強：《馬王堆漢墓遣策整理研究》，西南大學碩士學位論文，2006年6月通過，第15頁。

② 唐蘭：《長沙馬王堆漢軑侯妻辛追墓出土隨葬遣策考釋》，《文史》第十輯（1980年）。

③ 李建平：《先秦兩漢量詞研究》，西南大學博士學位論文，2010年6月通過，第183頁。

詞"①。

像這種名量詞，也就是由名詞引申為量詞的詞在遣策中比比皆是，如："笥"（即竹箱，竹筐，相當於量詞筐、箱）、"鼎"（釋曰："本指有足的炊器，也用於盛食物，用為盛食物的個體單位量詞"）、"囊"（釋曰："本指袋裝盛食器，用作盛物個體單位量詞"）、"合"（釋曰："本指有蓋的盛器物，用為量詞"）等等。

並且《漢語大字典·貝部》"資[1]"下也無"後來寫作"瓷"。本指硬陶罐，用為盛物的個體單位量詞"這個個義項。

因此，"資"應增加"後來寫作"瓷"。本指硬陶罐，用為盛物的個體單位量詞"這個新義項。這在簡帛中不乏其例，如：

《馬王堆一號漢墓·遣策》93："肉醬一資。"

《馬王堆一號漢墓·遣策》94："爵醬一資。"

《馬王堆一號漢墓·遣策》155："筍苴一資。"

《馬王堆三號漢墓·遣策》122："魚脂一資。"

《馬王堆三號漢墓·遣策》124："瓜醬一資。"

《馬王堆三號漢墓·遣策》125："瓜苴一資。"

黃卷：乾的黑豆芽。

《漢語大詞典·黃部》"黃卷（卷12/P981）"下共有以下義項："①书籍。""②指记录官吏功过，考核能否称职的专门文

① 張顯成：《馬王堆三號漢墓遣策中的量詞》，《簡帛文獻論集》，巴蜀書社，2007年7月，第144頁。

书。”“③诏敕。”“④指道书或佛经。因佛道两家写书用黄纸。”無“乾的黑豆芽”義項，當補。

黃卷，也就是乾的黑豆芽。《本草綱目·穀部·大豆黃卷》：“［釋名］豆蘗，（弘景曰）黑大豆為蘗芽，生五吋長，便乾之，名為黃卷，用之熬過，服之所須。”此外它還有別的名稱，在《本草圖經》中被稱作“黃卷皮”。它是中藥的一種，現在各種中醫藥方中也有記載。《中藥大辭典》[①] 中有對其製作方法和藥性地記載，製作方法就是取黑大豆洗淨，浸泡至外皮微皺，撈出，置竹籮內，上蓋濕蒲包，每日淋水1～2次，促使發芽。至芽長1釐米時，取出攤在筐內，先置有風處吹至半乾（防止脫殼）。再行曬乾即成。以粒大飽滿、色黑褐、有皺紋及短芽者為佳[②]。

因此，“黃卷”應增加“乾的黑豆芽”這個新義項。以下僅舉兩例：

《馬王堆三號漢墓·遣策》148：“黃卷一石、縑囊合笥。”

《馬王堆一號漢墓·遣策》161：“黃卷一石、縑囊一笥合。”

鮍：魚名。

《漢語大詞典·魚部》“鮍[1]［pī］（卷12/P1218）”下只有“剖開的魚片”一個義項。無“魚名”這個義項，當補。

---

① 江蘇醫學院編，上海科學技術出版社，1993年。

② 賀強：《馬王堆漢墓遣策整理研究》，西南大學碩士學位論文，2006年6月通過，第22頁。

“鮍”，“魚名”。《説文·魚部》：“鮍，魚名。”《玉篇·魚部》：“鮍，鰨魚也。”

並且《漢語大字典·魚部》“鮍[1]［pī］”下第一個義項就是“魚名”。

因此，“鮍[1]”應增加“魚名”這個新義項。以下僅舉一例：

《馬王堆漢墓三號漢墓·遣策》79：“鯉鮍、肉、原白羹一鼎。”

小 結

《漢語大詞典》是一部非常重要的工具書，它準確而全面的編纂具有非常重要的意義。而遣策語料是修訂辭書時非常寶貴和可靠的材料，對辭書編纂和修訂具有重大的價值。本文用《馬王堆漢墓遣策》中的十二個詞語從義項增補方面，補充了《漢語大詞典》所收詞的義項，並進行了舉例説明，這對《漢語大詞典》的編撰修訂具有一定的意義。雖然所舉的詞語只是《馬王堆漢墓遣策》，更是整個遣策語料中很小的一部分，且相關論述也不夠全面，但是我們已經可以窺見遣策語料對辭書編纂的價值所在。

《敦煌漢簡》的始見書價值

——以複音詞爲例

張麗萍*

摘　要：僅以《敦煌漢簡》複音詞爲例，説明《敦煌漢簡》在始見書方面的重大價值。《敦煌漢簡》這類“同時材料”應該成爲辭書編纂和詞彙史研究的重要材料。

關鍵詞：《敦煌漢簡》；《漢語大詞典》；複音詞；始見書

《敦煌漢簡》指20世紀初至80年代，在甘肅省西部疏勒河流域漢代關塞烽燧遺址中陸續出土的大量簡牘文獻。《敦煌漢簡》的殘損情況不是很嚴重，達五萬多字。其主要內容爲西漢中期至東漢中後期的邊塞屯戍檔案。這批材料是當時人記當時事的“同時文獻”，長埋於地下，未經後人改動，具有很高的語

* 張麗萍，西南大學漢語言文獻研究所 博士生 重慶 400715；貴州工程應用技術學院人文學院 副教授 畢節 551700。本文為貴州省哲學社會科學規劃項目（14GZYB48）及貴州省教育廳規劃項目（14GH019）的階段性成果。

料價值。

始見書顯示了詞義產生的時代，有提示語源的作用。追溯語源，便於從源頭上揭示詞義產生、發展、演變的歷程，對詞彙史的研究有重要意義。趙振鐸先生指出："（辭書）舉例的另一作用是提示語源。"① 所以，現代語文辭書，特别是古今兼收、源流並重的大型辭書，都特别重視始見書。《漢語大詞典》（以下簡稱《大詞典》）是歷時性大型辭書，在始見書方面可稱優秀，但從《敦煌漢簡》來看，依然有遺漏。

漢代是複音詞發展的重要時期，在先秦原有複音詞的基礎上，又產生了大量的新的複音詞。《敦煌漢簡》是口語化較强的材料，在一定程度上能夠反應漢代複音詞的發展情況。所以本文選擇複音詞爲研究對象。

我們以《敦煌漢簡》複音詞爲主要材料，對《大詞典》的始見書作一些補正的工作，計 10 條②。下文每條先出詞目，後列該詞目在《大詞典》中的部首和所屬漢字；括號中注明該詞目在《大詞典》中的卷數和頁碼。文中下畫線爲筆者所加。

1. 作治

① 趙振鐸《字典論稿·字典的舉例》，《辭書研究》，1991 年第 3 期。

② 以下部分條目所用材料兼及其他西北屯戍漢簡和傳世文獻。西北屯戍漢簡，指 20 世紀 30 年代以來，在甘肅、內蒙古境內漢代關塞烽燧遺址中出土的簡牘文獻。主要內容是西漢中期至東漢中晚期的邊塞屯戍檔案。目前刊佈的主要有《居延漢簡》《居延新簡》《敦煌漢簡》《額濟納漢簡》的全部材料，《肩水金關漢簡》《懸泉漢簡》的部分材料。這幾批材料的時間、地點、性質都是一樣，它們所反映的語言情況自然也是一致的。

《大詞典·人部·作》（卷一 P1250）“作治”：“②製作。亦指製造的成品。”首列書證爲宋曾鞏《本朝政要策》，比之於簡帛文獻，晚了900多年。

（1）238A：“左伯卒今日已到，雖言當去也，宜且助力不迫，候長勉眷，卒作治積薪。”

亦見於其他西北屯戍漢簡，例如：

（2）《居延漢簡》58.3：“槀矢二，羽幣，補不事用，已作治成。宝矢十，羽幣，補不事用，已作治成。”

（3）《居延新簡》EPT6.59：“趣作治，會月十三日。課有意毋狀者，如律令。”

（4）《肩水金關漢簡》73EJT26：107AB：“布蓬一，作治未成，負三算。”

傳世文獻中亦有較早例證，例如：

（5）《漢書·昭帝紀》：“五月丁醜，孝文廟正殿火，上及羣臣皆素服。發中二千石將五校作治，六日成。”顔師古注：“率領五校之士以作治也。”

（6）又《成帝紀》：“朕執德不固，謀不盡下，過聽將作大匠萬年言昌陵三年可成。作治五年，中陵、司馬殿門內尚未加功。”

（7）又《五行志》：“作治五年不成，乃罷昌陵，還徙家。”

2. 侍子

《大詞典·人部·侍》（卷一 P1313）：“①古代屬國之王或諸侯遣子入朝陪侍天子，學習文化，所遣之子稱侍子。”首列書證爲《後漢書》，比之於簡帛文獻，晚了200多年。

（8）89A：“尉與車師前侯詡、車師侯伯卑爰疐侍子俱來度，以己巳到，如律令。”

亦見於其他西北屯戍漢簡，例如：

（9）《懸泉漢簡》Ⅰ0116：S.14：“元始二年二月己亥，少傅左將軍臣豐、右將軍臣建，承制詔御史曰，候旦受送烏孫歸義侯侍子，爲駕一乘軺傳，得別駕載從者二人，御七十六。”

傳世文獻亦有較早用例，僅《漢書》便有17例，此僅舉1例：

（10）《漢書·匈奴傳下》：“後六十餘載之間，遭王莽篡位，始開邊隙，單于由是歸怨自絕，莽遂斬其侍子，邊境之禍構矣。”

3. 施刑

《大詞典·方部·施》（卷六P1578）“施刑”：“弛刑，赦罪。亦指獲赦者。”首列書證爲《後漢書》，比之於簡帛文獻，晚了200多年。

（11）1331A：“遣施刑士廿人敦煌庫。”

（12）2451：“獨得以迹事者，吏卒也。有都尉府檄，丞及以行事，施刑、吏士死，知故者持藥入，有遣。”

以上例（11）“施刑”爲動詞，指“赦免”。“施刑士”即獲得赦免的人。例（12）“施刑”爲名詞，指“獲得赦免的人”。

亦見於其他西北屯戍漢簡，例如：

(13)《居延新簡》EPT50.135："施刑士薛齊，八月穬程三石。"

(14)《肩水金關漢簡》73EJT8：35："安定郡施刑士鶉陰，大富里陳通，年卅五，黑色，長七尺。"

(15)《居延漢簡》157.11："甲渠士吏孫根自言：去歲官調根爲卒，責故甲渠施刑宋後，負騆望卒徐樂錢五百。"

4. 穬麥

《大詞典·禾部·穬》"穬麥"（卷八 P161）："大麥的一種。芒長，實熟時種子與稃殼分離，易脫落。種子供食用，亦作飼料。也稱裸大麥、青稞。"首列書證爲北魏贾思勰《齊民要術》，比之於簡帛文獻，晚了300多年。

(16) 23："廣武候長馮尚，七月廿二日官自取。給六月食，長穬麥十九斛八斗六升。"①

亦見於其他西北屯戍漢簡，例如：

(17)《肩水金關漢簡》73EJT29：101："出穬麥一斗一升大，以食稽落亭卒樂安四月八日劇食。"

(18)《肩水金關漢簡》73EJT28：32："車二兩，載穬麥五十石輸櫜佗候官。"

(19)《居延漢簡》41.34："穬麥八百八十斛。"

5. 舍中

① "給"《敦煌馬圈灣漢簡集釋》釋爲"從"，從字形和詞例上看，當釋爲"給"。

《大詞典·舍部·舍》“舍中”（卷八 P1083）：“①犹家中。”首列書證爲《後漢書》，比之於簡帛文獻，晚了 200 多年。

（20）7A：“左子淵，頃起居得毋有它？子淵舍中，皆毋它急。普屬從酒泉來，到會左曼卿，當。”

亦見於其他西北屯戍漢簡，例如：

（21）《肩水金關漢簡》73EJT23：359A：“孫常叩頭言，宋巨卿坐前毋恙，頃久不望見，舍中起居得毋有它。”

（22）《肩水金關漢簡》73EJT24：11：“子候君壯毋恙，頃舍中兒子起居得毋有它。”

（23）《肩水金關漢簡》73EJT24：65A：“丈人萬年坐前善毋恙，頃舍中毋它，謹叩頭。”

（24）《居延漢簡》81.5A、B：“誼叩頭言，游君容萬年毋恙，頃舍中得毋有它，急。”

6. 官馬

《大詞典·宀部·官》（卷三 P1387）“官馬”：“官府供給或飼養的馬。”首列書證爲唐杜甫《偪仄行贈畢曜》，比之於簡帛文獻，晚了 500 多年。

（25）1813：“謁候史澤，所受官馬食二石七斗。”

亦見於其他西北屯戍漢簡，例如：

（26）《居延新簡》EPT59.170：“又二月廿日，取官馬食六斗。”

（27）《肩水金關漢簡》73EJT1：1：“其三人卒，馬十匹。其一匹官馬，牛百廿五。”

7. 日時

《大詞典·日部·日》（卷五 P547）“日時”：“①日期和時辰。”首列書證爲《後漢書》，比之於簡帛文獻，晚了 200 多年。

（28）2146：“縣承塞亭，各謹候北塞隧，即舉表，皆和，盡南端亭。亭長以札署表到日時。”

亦見於其他西北屯戍漢簡，例如：

（29）《居延漢簡》58.24：“移兵簿府，言壽到官日時，報都尉府，一事一封。”

（30）《居延新簡》EPT 50.17：“候史蘇陽初除，遣之官，日時在檢中。”

傳世文獻亦有較早用例，例如：

（31）《史記·宋微子世家》：“歲月日時毋易，百穀用成，治用明，畯民用章，家用平康。”

再者，“日時”一詞的第二個義項為：“亦泛指日子，時間”，《大詞典》所舉書證爲南朝宋鮑照《代貧賤愁苦行》，亦晚出。傳世文獻有較早書證，如《史記·天官書》：“其食，食所不利；復生，生所利。而食益盡，爲主位。以其直及日所宿，加以日時，用命其國也。”

8. 馳行

《大詞典·馬部·馳》（卷十二 P801）“馳行”：“疾行。”首列書證爲明無名氏《英烈傳》，比之於簡帛文獻，晚了 1100 多年。

（32）1065B：“倉亭隧長周通成在所。候長、候史馬馳行。”

亦見於其他西北屯戍漢簡，例如：

(33)《居延漢簡》20.1:“肩水候官，吏馬馳行。”

(34)《居延新簡》EPF22.746:“甲溝官，吏馬馳行。”

傳世文獻中亦有較早用例，例如：

(35)《史記·齊太公世家》:“桓公之中鉤，詳死以誤管仲，已而載溫車中馳行，亦有高、國內應，故得先入立，發兵距魯。”

9. 頒賞

《大詞典·頁部·頒》(卷十二 P270)“頒賞”:“猶頒賜。多指地位高的人或長輩將財物送給地位低的人或晚輩。”首列書證爲清沈初《西清筆記》，比之於簡帛文獻，晚了1400多年。

(36) 81:“且一月斬下三千九百一十五級，功效已著，頒賞不足，宜勉李一身，謹請。”

傳世文獻亦有較早用例，例如：

(37)《陳書·簫摩訶任忠等傳》:“後主多出金帛，頒賞諸軍，令中領軍魯廣達陳兵白土崗，居衆軍之南偏。”

10. 社日

《大詞典·示部·社》(卷七 P831)“社日”:“古時祭祀土神的日子，一般在立春、立秋後第五個戊日。間或有四時致祭者。周代本用甲日，漢至唐各代不同。”首列書證爲唐張籍《吴楚歌》，比之於簡帛文獻，晚了500多年。

(38) 217:“社日，衆人盡坐，爲卿明讀爰書，約束令卿，卿盡知之。”

傳世文獻中亦有較早例證，例如：

(39)《三國志·魏書·袁張涼國田王等傳》：“王修字叔治，北海營陵人也。年七歲喪母。母以社日亡，來歲鄰里社，修感念母，哀甚。”

以上所舉詞語，漢代已經產生，而原來卻以爲這些詞語，或在明清纔產生，如“馳行”、“頒賞”；或在唐宋纔產生，如“社日”、“官馬”、“作治”；或在六朝纔產生，如“日時”、“侍子”、“舍中”、“施刑”、“穬麥”。有些例證，也可能並非都是始見書用例，但這同樣足以說明《敦煌漢簡》在詞彙學、辭書學提供詞語最早例證方面所具有的重要價值。

以上所舉例證已經不少，但只是《敦煌漢簡》複音詞中的一少部分，《敦煌漢簡》中還有大量詞語，可以提供更多的始見書用例。除了始見書外，《敦煌漢簡》還有增補義項、增補詞條等辭書學上的價值。可增補的義項有許多，如“候馬”一詞，《大詞典》只收一個義項，即“擔任偵察巡邏任務的騎兵”。但是在《敦煌漢簡》及其他西北屯戍漢簡中，“候馬”指“偵察、巡邏時所騎的馬”。“擔任偵察巡邏任務的騎兵”由“偵察、巡邏時騎的馬”引申而來。《大詞典》只列出了引申義，未列本義。可增補的詞條亦不少，如“知審”。“知審”為並列式複合詞，義為知道、詳知。此詞無論在《敦煌漢簡》還是傳世文獻，都有廣泛使用，是一個高頻詞；但《大詞典》“知”字下並未收錄。

《敦煌漢簡》以及其他西北屯戍漢簡應該成爲辭書編纂和詞彙史研究的重要材料。這批材料是珍貴的“同時材料”，更接近當時的語言事實。充分利用這部分材料，綜合出土文獻和傳世文獻兩方面的研究成果，才能對漢代詞彙情況（特別是複音詞）有更清楚、更全面地認識，才能進一步提高辭書編纂的質量，使漢語詞彙史研究更接近客觀實際。

《漢語大詞典》釋義商榷四則

周艷濤*

摘　要:《漢語大詞典》中部分詞義的釋義尚存在有不足之處。通過對出土簡牘材料的考察，同時結合《史記》《漢書》等傳世文獻，對“令史”、“故器”、“爰書”、“韋”四個詞語的釋義進行了訂正。

關鍵詞:《漢語大詞典》；釋義；簡牘

《漢語大詞典》（以下簡稱《大詞典》）體大思精，囊古包今，是目前為止高水平漢語辭書的代表之一。然而，受制於時代及環境等因素，其中尚存有一些待商榷之處，詞語釋義便是其中之一。在使用《大詞典》的過程中，我們發現有不少詞語的釋義與該詞出現的簡牘語料不合，而這些語料是《大詞典》相關釋義後所列書證未見的。筆者不揣淺陋，茲列四例以做研討。

* 周艷濤 西南大學漢語言文獻研究所 研究生 重慶 400715。

令 史

《漢語大詞典·人部》“令史”（第1卷第1119頁）：“（官名。漢代蘭臺尚書屬官，居郎之下，掌文書事務，歷代因之。隋唐以後，成爲三省、六部及御史臺低級事務員之稱，位卑秩下，不參官品。至明代遂廢。見《通典·職官四》。”

從出土簡牘材料來看，《大詞典》對“令史”的解釋有失偏頗。實際上，“令史”在漢代是一個範圍很廣的公職人員群體，其分佈從中央到地方直至基層機構，甚至西北邊防系統中的候官等也有秩級不一的“令史”，而並非如《大詞典》所言，只在中央單位才有。如：

《居延新簡》EPT4.48A：“始建國二年十月癸巳朔乙卯，城倉丞□移甲溝候官令史，鄣卒周仁等卌一人，省作府，以府記稟城倉，用粟百卅六石。”①

《居延新簡》EPT51.308：“五鳳三年十一月甲戌朔庚子，左農右丞別田令史居付甲渠令史慶、尉史常富。”

以上爲候官設有“令史”之證。

《尹湾漢墓簡牘》二正《東海郡吏員簿》：“襄賁吏員六十

① 本文所引簡帛文字的釋文符號，悉依張顯成主編《楚簡帛逐字索引（附原文及校釋）》（四冊本），四川大學出版社2013年版。詳見該書第一冊《凡例》第14條。

四人：令一人，秩六百石；丞一人，秩三百石；尉二人，秩三百石；官有秩一人；鄉有秩二人；令史六人；獄史三人；官嗇夫三人；鄉嗇夫五人；游徼四人；牢監一人；尉史三人；官佐七人；鄉佐四人；亭長廿一人。凡六十四人。”

《居延新簡》EPT43.171：“▨庭候長、居延守令史□▨”

此爲縣設有“令史”之證。

《居延新簡》EPT51.210A：“▨始五年二月，部卒貰賣衣物騎司馬令史所名籍。”

以上爲軍事系統中的騎兵部隊設有“令史”之證。

《居延漢簡》142.34：“候史徐輔遷補城倉令史，即日遣之官，移城倉。·一事一封。十二月庚子，令史弘封。”

《居延漢簡》178.30：“尉史李鳳，自言：故爲居延高亭亭長，三年十二月中送詔獄證觻得，便從居延迎錢，守丞景臨，取四年正月奉錢六百，至二月中，從庫令史鄭忠取二月奉，不重得正月奉。今庫掾嚴復留鳳九月奉錢，不當留庫，證所言。”

以上爲倉庫設有“令史”之證。

《居延漢簡》269.6：“入錢六百，隧長□□□月乙酉，佐博賣茭二束，魏郡侯國令史馬穀所直。”

以上爲侯國設有“令史”之證。

《敦煌汉简》198：“都護[①]令史公乘審，叩頭叩頭。”

---

① 《漢語大詞典·邑部》“都護”：“①官名。漢宣帝置西域都護，總監西域諸國，並護南北道，爲西域地區最高長官。”

以上爲都護府設有“令史”之證。

檢之傳世文獻，“令史”一詞也不鮮見。如：

《史記 · 項羽本紀》：“陳嬰者，故東陽令史，居縣中，素信謹，稱爲長者。”①

東陽令史，即東陽縣的令史。

《史記 · 酷吏列傳》：“趙禹者，斄人。以佐史補中都官，用廉爲令史，事太尉亞夫。”②

此處“令史”指周亞夫太尉府的令史

《漢書 · 王莽傳》：“王興者，故城門令史。”③

城門令史，即城門警衛系統中的令史。

《三國志 · 魏書 · 鮑勛傳》：“時營壘未成，但立標埒，邕邪行不從正道，軍營令史劉曜欲推之，勛以塹壘未成，解止不舉。”④

軍營令史，即營區警衛系統中的令史。

《三國志 · 蜀書 · 李譔傳》：“（李譔）始爲州書佐、尚書令史。”⑤

尚書令史，即輔佐尚書的令史。

《後漢書 · 楊震傳》：“震部掾高舒召大匠令史考校之，得豐

---

① 司馬遷《史記》，中華書局，1959 年，頁 298。

② 司馬遷《史記》，中華書局，1959 年，頁 3136。

③ 班固《漢書》，中華書局，1962 年，頁 4101。

④ 陳壽《三國志》，中華書局，1959 年，頁 386。

⑤ 陳壽《三國志》，中華書局，1959 年，頁 1027。

等所詐下詔書，具奏，須行還上之。”①

大匠令史，即主管工程建設等的“大匠”的令史。

《隋書·禮儀志四》：“冊諸王，以臨軒日上水一刻，吏部令史乘馬，齎召版，詣王第。”②

吏部令史，就是吏部屬下的令史。

《隋書·百官志上》：“尚書省，置令，左、右僕射各一人……令史百二十人，書令史百三十人。”③

此處令史爲尚書省所屬令史。

由此可見，在漢代，除了漢廷中央的蘭臺令史外，太尉府、侯國、都護府、縣等地方政府，候官、庫、倉等基層單位及部門也設有各類令史。據其在漢簡公文署名中經常出現的事實可知，這些令史的具體工作可能和中央的蘭臺令史略有不同，其主要負責所屬單位的文書起草等工作，屬文職人員。漢以後的令史職能雖隨時代各有變化，但其設置範圍卻始終很廣，從未局限於中央單位。

綜上，《大詞典》“令史”條義項①當修訂爲：“官名。漢代蘭臺尚書屬官，居郎之下，中央其他單位及地方的郡縣、軍隊系統的候官等各級軍政機構也均設有令史，掌文書事務。隋唐以後，成爲三省、六部及御史臺低級事務員之稱，位卑秩下，不參官品。至明代遂廢。”

---

① 范曄《後漢書》，中華書局，1965年，頁1766。
② 魏徵《隋書》，中華書局，1973年，頁175。
③ 魏徵《隋書》，中華書局，1973年，頁721。

故 器

《漢語大詞典·支部》“故器”（第5卷第437頁）：“舊樂器；古樂器。”首引書證爲《周禮·春官·典同》“凡爲樂器，以十有二律爲之數度，以十有二聲爲之齊量。凡和樂，亦如之。”漢·鄭玄注：“和，謂調其故器也。”賈公彥疏：“上文‘凡爲樂器’，是新造者；今更言‘和樂’，明是調故器。”然而需要注意的是，鄭玄注和賈公彥疏的目的皆在說明“和樂”的意思，是爲疏通整句文字而言的。這裡討論的是製作樂器和校正樂器時應該怎麼做的問題，所以“故器”只可能是指舊樂器而不可能指其他，鄭、賈二人在這裡做不出此種解釋以外的其他解釋。“故器”應是“故樂器”的省稱，之所以寫成“故器”，是因爲當時的三音節詞還沒有發展到相當的程度，“故器”更符合一般的表達習慣，並且作爲注文來講，也不會使人們理解爲“樂器”之外的其他器物。《大詞典》卻以兩注解爲據，將“故器”簡單地理解爲只是指“舊樂器”，實爲望文生義，爲該詞之語境義而非本體義，於情於理均不可解。居延簡中有如下一則簡文：

《居延新簡》EPT40. 202：“欲知劍利善、故器者，起拔之，視之身中無推處者，故器也。”

此爲《相利善劍冊》中的內容，簡文大意是說：“想要知道劍是不是鋒利、質量上乘或者是否是‘故器’，把劍抽出來，

(如果)看到劍身上沒有銼削的痕跡，就是'故器'。”傳統鑄造工藝中，刀劍等打造成型後並不能立即使用，而需要“開刃”，即磨礪刀鋒處使之鋒利，同時對刀身劍身進行推平等處理。在進行這些工作的過程中，不可避免地會留下一些痕跡，這就是簡文所說的“推處”。在經過長時間的使用後，這些刮削痕跡會自然逐漸減少甚至消失不見，到這個階段的刀劍即爲簡文所言之“故器”。這裡的“故器”，很明顯是指“舊的刀劍，使用過一段時間的刀劍。”如果按照《大詞典》對上引《周禮·春官·典同》鄭、賈二注的理解方式，“故器”釋義當定爲“舊的刀劍。”這無疑會導致詞無定義問題的出現，是不可取的。除此之外，史籍也有見“故器”一詞。如：

《史記·楚世家》：“《周書》曰'欲起無先'，故器南則兵至矣。”①

這是楚國準備北伐周朝取而代之時周赧王所遣使者“武公”對楚相昭子所講的話。其中的“故器”，乃是指周朝傳國之“九鼎”。

《太平廣記》卷九《李少君》：“帝按言觀其刻字，果齊之故器也。因知少君是數百歲人矣。”②

這裡的“故器”，指漢武帝所擁有的舊銅器。

綜上可知，“故器”是一個較爲寬泛的稱謂，凡舊器舊物皆

① 司馬遷《史記》，中華書局，1959年，頁1734。

② 李昉等編《太平廣記》，人民文學出版社，1959年，頁59。

可稱之“故器”，非單指舊的樂器而言。《大詞典》“故器”釋義有誤，宜修訂爲：“舊器，有一定時間或歷史的器物。”

爰 書

《漢語大詞典·爪部》“爰書”（第6卷第1105頁）：“古代記錄囚犯供辭的文書。”其據以爲證的材料是《史記·酷吏列傳》：“（張湯）劾鼠掠治，傳爰書，訊鞫論報。”裴駰集解引蘇林曰：“爰，易也。以此書易其辭處。”司馬貞索隱引韋昭曰：“爰，换也。古者重刑，嫌有愛惡，故移换獄書，使他官考實之，故曰‘傳爰書’也。”

由蘇林及韋昭對“爰書”的解釋可知，“爰書”即“换書”，即將供詞從口語轉爲書面語。李均明先生以爲這也就是“司法筆錄文書”①，較之《大詞典》的釋義要更貼近“爰書”之本義。《中國簡牘集成》亦持此説，其文曰：“司法筆錄文書。爰書之範疇包括原告、被告、證人言辭及現場勘驗記錄等。”②但是漢簡材料表明，這樣來定義“爰書”是不夠全面的。我們來看如下幾則簡文：

《居延新簡》EPT48.136：“始建國天鳳二年二月戊辰朔戊

① 李均明、劉軍《簡牘文書學》，廣西教育出版社，1999年，頁249。

② 初師賓主編《中國簡牘集成》，敦煌文藝出版社，2001年，第六册，頁232。

寅，第十桼候長良敢言之，謹移戍卒病死爰書，旁行衣物券如牒。敢言之。”

此簡文記錄的是第十七候長良向相關部門移交病死戍卒的相關證明文件（相當於現在的死亡證明書），並附帶移交戍卒衣物之事。

《居延新簡》EPT56.276：“右秋以令射爰書名籍。”

此簡文是一枚標題簡，其上內容是說：“右側記錄的是今秋按照規定（參與）射箭（考核）的證明文書及相關人員名單。”

《居延漢簡》491.11A：“元鳳四年騎士死馬爰書。”

此簡文記錄的是某部元鳳四年騎士所騎之馬死亡情況的證明文書[1]。

《居延漢簡》512.27：“☐病爰書。”

此簡文殘損嚴重，僅剩三字，但從殘文來看，應當是關於人員患病情況的證明文件。

比上引簡文更早的張家山漢簡中亦有“爰書”之用例：

《張家山漢墓竹簡（二四七號墓）·奏讞書》：“淮陽守行縣掾新郪獄，七月乙酉新郪信爰書：求盜甲告曰：從獄史武備盜賊，武以六月壬午出行公粱亭，至今不來，不智（知）在所，

① 這可能是由於當時“騎士”所騎之馬是由政府統一供應的，戰馬死亡，要有相關單位及人員的證明，然後再對馬匹進行補充，以此來明確責任，避免出現虛報冒領的現象。

求弗得，公粱亭校長丙坐以頌毄（繫），毋毄（繫）牒，弗窮訊。"①

第一例是候長"良"向上級匯報所屬戍卒死亡情況，第二例是當時年度技能測試成績匯總中的内容，兩例中均使用了"爰書"一詞，但很明顯兩例文書均非"司法筆錄文書"。由上看來，"爰書"更準確地來講應該是"證明文書，證明材料"。陳槃先生提出，"爰書"一是指自辯書，二是指證書②。但這是就其作用做出的具體劃分，廣義而言，"自辯書"亦是"證書"的一種。在這個問題上，薛英群先生的觀點更爲穩妥一些，他説："一切證明材料，凡爲法律所承認其合法性，在一定條件下，都可以稱爲爰書。"③ 沈剛認爲"爰書"最根本的性質爲筆錄文書，以區别於口述④。其説是。陳直以爲"爰書""蓋漢魏時法律上之名詞"⑤。這也是符合實際情況的。至此，我們可以歸納出"爰書"的三個特徵：①是書面材料；②用在與官府、法律法規有關的事務中；③其主要功用是證明相關情況。

綜上，《大詞典》"爰書"之釋義不確，當據上引簡牘材料修訂爲"書面的證明文書"爲宜。

---

① 彭浩等《二年律令與奏讞書：張家山二四七號漢墓竹簡出土法律文獻釋讀》，上海古籍出版社，2007年，頁354。

② 陳槃《漢晉遺簡偶述》，《中央研究院歷史語言研究所集刊》第十六本，1948年。

③ 薛英群《居延漢簡通論》，甘肅教育出版社，1991年，頁163。

④ 沈剛《居延漢簡詞語匯釋》，科學出版社，2008年，頁183。

⑤ 陳直《居延漢簡研究》，天津古籍出版社，1986年，頁231。

韋

《漢語大詞典·韋部》“韋”（第12卷第674頁）：⑥“通‘圍’。（1）量詞。用於計量圓周，指樹木兩臂合抱的長度。”但是由西北屯戍漢簡來看，《大詞典》的解釋是略顯偏頗的。如：

《居延漢簡》161.11：“廿三日戊申，卒三人。伐蒲廿四束，大二韋。率人伐八束。與此三百五十一束。”

《敦煌漢簡》164：“爲買茭，茭長二尺，束大一韋。”

《居延新簡》EPT52.277：“出錢二百，買木一，長八尺五寸，大四韋，以治罷卒籍。”

《居延新簡》EPT51.310：“慈其索一，大二韋半，長四丈。”

上引四例中的末兩例，《居延新簡》EPT52.277是對“買木”的記錄，兼言此木之用途爲製作“罷卒”的名單。其中對於該木的尺寸的描述爲“長八尺五寸，大四韋”，“大四韋”毫無疑問應當是對此木直徑、粗細的描述。“八尺五寸”，漢制約當今1.96m；“一韋”如果按照《大詞典》的解釋，即“一抱”，成人兩臂合起所成圓形空間的直徑約在40–50cm之間，“四韋”，約當今1.6–2m。這樣的話木的直徑便接近於其長度，這很明顯是不合常理的，並且，受制於西北邊塞地區的自然環境，這樣粗的樹木是很難出現的。《居延新簡》EPT51.310可以更進一步地說明“韋”絕非《大詞典》所解釋的那樣。該簡簡文是對一條繩索的描述：“大二韋半，長四丈”，如果“韋”確如《大詞典》所說，那麼這條繩子的直徑便達到了驚人的80cm–100cm，這樣粗的繩子是無法發揮其應有作用的。《集成》對“韋”的注解爲“圓木之圓周長，兩手拇指、食指相合為韋”①。這種解釋是比較符合簡文所記載的情況的，但卻不知其所據爲何。《漢語大字典》對量詞“韋”的釋義爲“通‘圍’。計算樹木圓周的單位。”較之《大詞典》的解釋要穩妥一些。但從上引簡文可知，“韋”並不只是用來計算樹木的圓周，也可以用來計算繩索、蒲束、茭束等。《王力古漢語字典》在“韋”的量詞義上做得比較謹慎，曰：“量詞。圍。計算周圓的單位。”在目前尚無法對西北屯戍漢簡中“韋”的具體所指得出準確結論的情況下，《王力古漢語字典》對“韋”字量詞義的解釋是比較妥當的一種做法。

綜上，《大詞典》對“韋”字量詞義的解釋應據上引材料修訂爲“通‘圍’。(1) 量詞。計算圓周的單位”爲宜。

以上即是我們結合出土簡牘材料對《大詞典》中四個釋義不確的詞或義項所做的補充和訂正。由上來看，這些詞或義項釋義不確的主要原因可以歸爲如下兩個方面：一是相關語料搜集不夠充分，而語言材料是詞義據以產生和存在的基礎，這個

---

① 初師賓主編《中國簡牘集成》，敦煌文藝出版社，2001年，第十一冊，頁247。

基礎不充分，從中得出的對詞語的釋義自然也不夠精準；二是對釋義的合理性未能進行充分考察，這以“韋”的量詞義表現最明顯，從漢簡中用作量詞的“韋”所處的語言環境來看，“韋”解釋爲“指樹木兩臂合抱的長度”很顯然是講不通的，然而編纂者卻未能據此對“韋”字的這個量詞義進行進一步研訂。

《漢語大詞典》增補詞條試析

張東東*

摘　要:《漢語大詞典》編纂之初，由於諸多因素的限制，導致失收了一大批慣用的詞語，結合已經公佈的出土簡帛材料來看，更加堅定了這一論斷。本文即以漢簡爲主要材料，並結合傳世文獻，嘗試性的為《漢語大詞典》增補幾則常用的詞語。

關鍵詞:《漢語大詞典》；增補；漢簡

一個詞語大範圍、高頻率的使用，是它從誕生到成熟定型的重要條件，這也是一部大型辭書收錄詞語的標準之一。《漢語大詞典》是目前為止中國最為大型、最為完備的辭書工具書，所收詞語能夠較系統全面的反映漢語詞彙的發展脈絡，也能讓辭書使用者第一時間瞭解簡明漢語詞彙史。但由於某些主觀因素的限制，《漢語大詞典》所收詞語有不少一部分是值得商榷

* 張東東，杭州師範大學東城二小 教師 杭州 310000。

的。失收、漏收就是其中一部分。本論文結合出土簡帛文獻與傳世文獻材料，綜合對比論證，嘗試性地為《漢語大詞典》增補幾條習用的詞語條目。行文依增補詞條的首字所在的《漢語大詞典》原卷次及頁碼為序。

01.【兄妻】哥哥的妻子。

《漢語大詞典·儿部》“兄”（卷2/P222）① 下無“兄妻”詞條，當補。

兄：哥哥。《爾雅·釋親》：“男子先生為兄，後生為弟。”《公羊傳·隱公七年》：“母弟稱弟，母兄稱兄。”何休注：“母兄，同母兄。”《詩·小雅·長棣》：“凡今之人，莫如兄弟。”兄妻：即哥哥的妻子，漢語辭彙中亦稱嫂子。

西北屯戍漢簡中有大批量的關於戍邊士卒家庭成員信息的簡文資料，家屬簿就是一類。在家屬簿中常見“兄妻”、“弟婦”稱謂，一為哥哥的妻子，一為弟弟的妻子，二者乃相對而言。漢語辭彙的發展過程中，親屬稱謂詞本來就自成一類，也非常富有漢民族特色，對於這類常用的詞條，大型辭書應當無條件收入。

《漢語大詞典·八部》“弟”下收“弟婦（弟弟的妻子）”一詞，《漢語大詞典·儿部》“兄”下收“兄嫂（哥哥和嫂子）”一詞。理應於《漢語大詞典·儿部》收“兄妻”一詞。

---

① “（卷2/P222）”中的“卷2”指所增補詞條當收入《大詞典》第2卷，“P222”指所增補詞條的字頭在《大詞典》第2卷中的頁碼。下同。

漢簡用例如：

《肩水金關漢簡》73EJT6：42：“槖他勇士隧長井臨，建平元年家屬符：兄妻屋蘭宜衆里井君任，年廿一；子小男習，年七歲；兄妻君之，年廿三；子大男義，年十；子小男馮，一歲。”

傳世文獻所見用例亦有十多處，如：

《爾雅·釋親》：“父之兄妻為世母。父之弟妻為叔母。父之從父晜弟之妻為從祖母。父之從祖晜弟之妻為族祖母。父之從祖祖父。為族曾王父。”

《文選》卷四十：“進責整婢采音，劉整兄寅第二息師利，去年十月十二日忽往整墅停住十二日，整就兄妻范求米六斗哺食。范未得還，整怒，仍自進范所住，屏風上取車帷為質。范送米六斗，整即納受。”

唐·杜祐《通典》卷九十二：“周制，嫂叔不相為服。……謂弟之妻婦者，是嫂亦可謂之母乎！故名者，人理之大者也，可無慎乎！”其下注曰：“道猶行也。言婦人棄姓無常秩，嫁於父行則為母行，嫁於子行則為婦行。弟妻，卑遠之，故謂之婦。兄妻嫂者，尊嚴之，是嫂亦可謂之母乎，言不可。嫂猶叟，老人之稱也，是為序男女之別爾。”

明·于慎行《穀山筆麈》卷十三：“姒娣妯娌長少相呼之，稱年長者曰姒，年少者娣，今俗呼兄妻曰姒弟妻曰娣者，誤。蓋《通鑒》注：以身年之長少為次，不以夫之長幼為序也。”

明·明郎瑛《七修類稿·奇謔類》：“又有父收親女，金熙宗殺其弟胙王，奪其妃，諸王兄弟之女皆淫之，甚者淫及親女；姪完顔亮弑之自立，亦淫諸女，及妹、叔母皆淫之，又殺親母，惡尤甚焉。弟收兄妻：北齊武成帝收嫂李后。兄淫妹：齊襄公通其妹魯桓公夫人文姜，後北魏之孝武帝通其妹明月公主，蓋自襄公始也。”

清·屈大均《廣東新語·文語》：“南海龐公嵩，為曲靖太守，以雲南滇池迤東、迤西，伯夷、玀、緬之俗，人各異音，書各殊字，致倫斁行穢，娶婚同姓，兄收弟婦，弟室兄妻，習以為常。行之者自諉蠻夷，而吾之治之者，亦以蠻夷待之，此非聖人有教無類之至意也。”

《清史稿·列女傳三》：“曹士鶴妻管，名懷珠，字藏真，亦江寧人。士鶴官陝西清澗知縣。城將破，與士鶴兄妻李縊朱氏祠樹上，自書衣襟曰：‘陝西清澗縣知縣曹士鶴妻管氏為國死於此。’”

02.【大婢】成年的婢女。成年婢女為“大婢”，未成年婢女為“小婢”。

《漢語大詞典·大部》“大”（卷 2/P1321）下無“大婢”詞條，當補。

漢代政府十分重視戶籍的管理，因為戶籍不僅是國家徵收徭役賦稅的依據，同時也是維護社會治安的工具。漢代徐幹所作《中論·民數篇》對此就有深刻的認識：“戶口漏於國版，夫家脫於聯伍，避役者有之，棄捐者有之，浮食者有之，於是奸心竞生，偽端並作矣。小則盜竊，大則攻劫，嚴刑峻法不能救也。”從已發現的漢簡中，可以知道漢代的戶籍是把每戶的家長、姓名、籍貫、住址、爵位、職業、年齡、妻子、兄弟、姊妹以及牛馬、田宅、奴嬸、車輛的數量和價值、甚至身長、膚色也詳細的登記在內。

年齡作為戶籍的重要組成部分，又是官方政府規定的人民領取口糧、繳納賦稅、服徭役等的依據，其在漢代有着嚴格的區分。漢代以年齡將人區分為大、小和大、使、未使。“大”指年齡在十四歲以上，通常十五歲是秦漢時期男女服更卒徭役的起始年齡，即到達這個年齡，就說明可以承受一定的體力勞動了；“小”指年齡不到十四歲。更具體一點的說法是：年齡在十四歲以上（有學者認為包含十四歲）為“大”，在七歲到十四歲之間為“使”，小於七歲為“未使”。故而“大婢”是相對於“小婢”而言的。

由於詞義具有極強的系統性，《漢語大詞典 · 小部》收“小婢（未成年的女奴）”一詞，理應在《漢語大詞典 · 大部》收“大婢”一詞，更能體現大型辭書的翔實完備的作用。

漢簡所見用例如：

《居延漢簡》37. 35：“候長觻得廣昌里公乘禮忠，年卅。小奴二人，直三萬。大婢一人，二萬。軺車二乘，直萬。用馬五匹，直二萬。牛車二兩，直四千。服牛二，六千。宅一區，萬。田五頃，五萬。凡訾直十五萬。”

《居延漢簡》506. 22：“大婢劉頃，二匹。十丈。三斤十二兩。”

《肩水金關漢簡》73EJT1：1："甘露二年五月己丑朔甲辰朔，丞相少史充、御史守少史仁以請，詔有逐驗大逆無道故廣陵王胥御者惠同産弟，故長公主弟卿大婢外人，移郡大守，逐得試知。外人者，故長公主大奴。"（御者：即車夫。弟卿、外人：皆為人名。）

《肩水金關漢簡》73EJT7：79："大奴一人，大婢二人，未使奴一人，凡一月用食五石四斗。"

《肩水金關漢簡》73EJT24：132："長安宜平里公乘滿順自言[①]賢，大奴便、大婢利、小婢宫乳為家私市居延界中，謹案：順等年、爵如書，算賦□"

《肩水金關漢簡》73EJT24：275A："□冀陰利里長廣君大婢財賈錢萬二千錢，畢已。"

《肩水金關漢簡》73EJT4：39："大婢多錢一人，一月食一石三斗，三月至九月食九石一斗"

《肩水金關漢簡》73EJT30：94："騂牡馬，大婢恩御恩年十五"

傳世文獻亦有不少"大婢"用法，如：

《漢書·外戚傳下》："成帝崩，未幸梓宫，倉卒悲哀之時，昭儀自知罪惡大，知業等故許氏、王氏婢，恐事泄，而以大婢

① 本文所引簡帛文字的釋文符號，悉依張顯成主編《楚簡帛逐字索引（附原文及校釋）》（四冊本），四川大學出版社2013年版。詳見該書第一冊《凡例》第14條。

羊子等賜予業等各且十人，以慰其意，屬無道我家過失。"

《漢書·景十三王傳》："昭信欲擅愛，曰：'王使明貞夫人主諸姬，淫亂難禁。請閉諸姬舍門，無令出敖。'使其大婢為僕射，主永巷，盡封閉諸舍，上籥於後，非大置酒召，不得見。"師古注曰："敖，謂遊戲也。大婢，婢之長年也。"

《前漢紀·孝宣皇帝紀》："昭信見讒殺凡十四人。皆埋宮中。昭信又謂去曰。諸姬淫佚難禁。請閉諸舍門。無令得妄出入。使其大婢為僕射。主外永巷。盡閉封諸舍門。"

《聊齋志異》卷七："自夫妻絕好，女亦莫敢當夕，柴於是孤眠。妻聞之，意不稍安，有大婢素狡黠，偶與柴語，妻疑其私，暴之尤苦。"

03.【日出】太阳升起来，亦用以表時間。

《漢語大詞典·日部》"日"（卷 5/P536）下無"日出"詞條，當補。

出：出現；顯露。《玉篇·出部》："出，見也。"《易·繫辭上》："河出圖，洛出書，聖人則之。"《樂府詩集·相合歌辭三·陌上桑》："日出東南隅，照我秦氏樓。"

日出，是人類最早觀察到的現象和最早形成的時間概念。所謂"日出而作，日入而息，鑿井而飲，耕田而食"，就是人們最早把晝夜的運行用"日出"、"日入"分解開來。因此，"日出"作為一個時間概念，不僅出現的時間久遠，而且各地運用得也極為普遍。[①]

《字彙·凵部》:"出,人之對也。"詞義具有極強的系統性,"日出"和"日入"同屬一詞義聚合,由最初的一種循環往復的自然現象,進而被人用作時間名稱。作為大型辭書,對於這種日復一日的自然現象,使用頻率極高的時間用語,是沒有理由失收的。《漢語大詞典》收錄"日入(太陽落下去)"、"日落(太陽西下)"等詞條,"日出"也當一並收入。

西北漢簡中用"日出"紀時的材料極多,如:

《懸泉漢簡》I0114③:27:"西書一封,印曰賈充私印,本始二年十二月丁酉日出時,魚離置廄佐越以來,廄御外人受行。"

《懸泉漢簡》II90DXT0214③:185:"板檄一封,酒泉大守章,诣敦煌大守府。甘露五年正月戊申日出时,悬泉御顾顺受魚離御虞临。"

《懸泉漢簡》II90DXT0216②:898:"日入時,西吉;日出時,東吉。"

《敦煌漢簡》1569:"七月乙丑,日出二干時,表一通。至莫夜食時,苣火一通,從東方來。"

《肩水金關漢簡》73EJT23:972:"十一月丁巳,平旦表四,日出時表四,日蚤食時表七,日食時表三,日食坐時表四,日東中時表三,日中時表四。"

① 参郝樹聲、張德芳《懸泉漢簡研究》,甘肅文化出版社,2009年版,P71。

《肩水金關漢簡》73EJT26：98："，二月丁酉日出時，騂北亭卒順受沙頭亭卒勳。"

《居延新簡》EPT58.17："收降候長賞、候史充國。四月乙巳日跡積一日，毋越塞蘭渡天田出入跡。迺丙午日出一干時，虜可廿餘騎萃出塊沙中，略得跡卒趙蓋眾。丁未日跡盡甲戌，積廿八日，毋越塞蘭渡天田出入跡。"

《居延漢簡》502.1A："七月四日，南書二封，封封皆橐佗候印。一詣肩水都尉府，一詣昭武。日出受沙頭卒同付不今卒同，食坐時"

傳世文獻所見"日出"用例也甚豐，簡要列舉如下幾則：

《莊子·讓王》："舜以天下讓善卷，善卷曰：'余立於宇宙之中，冬日衣皮毛，夏日衣葛絺；春耕種，形足以勞動；秋收斂，身足以休息；日出而作，日入而息，逍遙於天地之間而心意自得。吾何以天下為哉？悲夫！子之不知余也！'遂不受。於是去而入深山，莫知其處。"

《禮記·內則》："由命士以上。父子皆異宮。昧爽而朝。慈以旨甘。日出而退。各從其事。日入而夕。慈以旨甘。"

《氾勝之書·種穀篇》："植禾，夏至後八十、九十日，常夜半候之天有霜，若白霜下一平明時，令兩人持長索相對，各持一端以概禾中，去霜露，日出乃止。如此禾稼，五穀不傷矣。"

《漢書·韓信彭越英布盧綰吳芮傳》："居歲餘，澤間少年相聚百餘人，往從越，'請仲為長'，越謝不願也。少年強請，乃許。與期旦日日出時，後會者斬。旦日日出，十餘人後，後者至日中。於是越謝曰：‘臣老，諸君強以為長。今期而多後，不可盡誅，誅最後者一人。’令校長斬之。”

《東觀漢記·世祖光武皇帝》：“上躬親萬機，急於下情，乃令上書啟封則用，不得刮璽書，取具文字而已。奏詣闕，平旦上，其有當見及冤結者，常以日出時，騶騎馳出召入，其餘以俟中使者出報，即罷去，所見如神，遠近不偏，幽隱上達，民莫敢不用情。”

《法觀經》：“佛言。已三定戒應律為道法愛行道。故經言貪道法行道。已坐行道上夜後夜驚意守食。時至禺中日西至夕名為四守。當精不離是為勤力。夜半日出日中晡時是名為四正。”(西晉月氏國三藏竺法護譯)

《齐民要素·种枣》：“正月一日日出时，反斧斑驳椎之，名曰‘嫁枣’。候大蚕入簇，以杖击其枝间，振去狂花。”

《南史·王誕王華王惠王彧傳》：“又出入之宜，繁省難衷，或進不獲前，或入不聽出。不入則嫌於欲疏，求出則疑有別意。召必以三晡為期，遣必以日出為限。夕不見晚魄，朝不識曙星。至於夜步月而弄琴，晝拱袂而披卷，一生之內，與此長乖。”

《北史·僭偽附庸傳·慕容垂》：“其夜，帝部分眾軍，東西為掎角之勢。約勒士卒，束馬口，銜枚無聲。昧爽，眾軍齊進，日出登山，下臨其營。寶眾晨將東引，顧見軍至，遂驚擾。帝縱騎騰躡，馬者蹶倒冰上。”

《舊唐書·李德裕傳》：“其《宵衣箴》曰：‘先王聽政，昧爽以俟。雞鳴既盈，日出而視。伯禹大聖，寸陰為貴。光武至仁，反支不忌。無俾姜后，獨去簪珥。彤管記言，克念前志。'"

《舊五代史·唐書·明宗本紀》："臣聞天不稱高而體尊，地不矜厚而形大，厚無不載，高無不覆。四時行於內，萬物生其間，總神祇之靈，葉帝王之運。日出而星辰自戢，龍飛而雷雨皆行，元氣和而天下和，庶事正而天下正。"

《宋史·律曆志十五》："輒以忠輔新曆推算，淳熙十二年九月定望日辰退乙未，太陰交食大分四、小分八十五，晨度帶入漸進大分一、小分七；虧初在東北，卯正一刻一十一分，係日出前；食甚在正北，辰初一刻一十分；復滿在西北，辰正初刻，並日出後。其日日出卯正二刻後，與虧初相去不滿一刻。"

《東周列國志》第九十九回：毛遂在階下顧視日晷，已當午矣。乃按劍歷階而上，謂平原君曰："'從'之利害，兩言可決。今自日出入朝，日中而議猶未定，何也？"楚王怒問曰："彼何人？"平原君曰："此臣之客毛遂。"

04. 【昏時】太陽落山後，天色尚未完全黑下來，此時稱昏時。或稱黃昏。

《漢語大詞典·日部》"昏"（卷5/P621）下無"昏時"詞條，當補。

昏：日暮，天剛黑。《說文·日部》："昏，日瞑也。"《詩·陳風·東門之楊》："昏以爲期，明星煌煌。""昏時"同"人定"、"夜半"作為日入以後的三個稱謂是十二時制的通用名稱。但在西北漢簡中，都普遍使用"昏時"紀時，而不用"黃昏"。"黃昏"一詞，在已經公佈的西北漢簡中僅有兩次用例，如下：

《懸泉漢簡》II90DXT0111③：71："三月庚子黄昏時，受遮要御解真。鄉嗇彊。"

《居延漢簡》85.26："黄昏時盡乙卯日食時，匹五束。"

先秦兩漢的傳世文獻中，"昏時"與"黄昏"的使用同樣普遍。用"昏時"的例子如：《史記·樂書》："漢家常以正月上辛祠太一甘泉，以昏時夜祠，到明而終。"桓譚《新論·離事篇》："星宿昏時出東方，其間甚疏，相離丈餘。及夜半，在上方，視之甚數，相離唯一二尺。"《漢書·王莽傳上》："章聞齊井、石牛事下，即日昏時，衣黄衣，持匱至高廟，以付僕射。"《後漢書·隗囂傳》："更始使執金吾鄧曄將兵圍囂，囂閉門拒守，至昏時，遂潰圍，與數十騎夜斬平城門關，亡歸天水。"《劉玄劉盆子傳》："昏時，燒門入，戰於宫中，更始大敗。"

但是比較正式的書面用法則是多用"黄昏"，而不用"昏時"。如《左傳·昭公五年》注云："人定為輿，黄昏為隸。"尤其是《楚辭》中大多用"黄昏"來渲染暮色的蒼涼和無奈的心境。《楚辭·離騷》："曰黄昏以為期兮，羌中道而改路。"……王逸《九思》："哀我兮寡獨，靡有兮齊倫，意欲兮沉吟，迫日兮黄昏。"這裹，如果把"黄昏"改成"昏時"，其韻味和意境就完全不同了。據此可知，"昏時"大多用於比較口語化的通俗語中，而"黄昏"則多用於比較典雅正式的書面語中。"黄昏”多見於先秦的典籍中，“昏時”多流行於兩漢的文獻中。①

“昏時”一語，西北漢簡所見用例如：

《懸泉漢簡》II90DXT0114②：137：“入西書二封，皆詣府。閏月戊戌，昏時，懸泉御黃頭付遮要佐牛康。”

《肩水金關漢簡》73EJT23：666：“登受夷胡隧卒同，昏時第六隧卒同付府門界中卅里。”

《肩水金關漢簡》73EJT1：144：“昏時出關”

《敦煌漢簡》803A：“東書二封：其一封，大煎都候詣府；一封，□□□□□□。正月已亥昏時，受關佐楊壽。”

《敦煌漢簡》2269：“□□卒，昏時到官。謹案：良帶犯除，敢言之。”

《額濟納漢簡》2000ES9SF3：4C：“前輩到金關西門，下掾誼等皆在金關，不得相聞，閎等在候官，即日餔時塵烟火到石南亭，昏時火遂”

《居延漢簡》506.19：“四月廿一日，記一，左掾私印，詣肩水候官。北記一。四月己未日，昏時，遣。”

《居延漢簡》506.19：“一封居延都尉，詣肩水府，五月甲午起。昏時騂馬卒良受沙頭卒同。”

傳世文獻所見“昏時”用法，除前文論述過程中已經列舉的之外，再舉幾則如：

---

① 參郝樹聲、張德芳《懸泉漢簡研究》，甘肅文化出版社，2009年版，P85—P86。

《後漢書·劉玄劉盆子傳》:“更始狐疑，使卬等四人且待於外廬，卬與湛、殷疑有變，遂突出，獨申屠建在，更始斬之。卬與湛、殷遂勒兵掠東西市。昏時，燒門入，戰於宮中，更始大敗。明旦，將妻子車騎百餘，東奔趙萌於新豐。”

《魏書·靈征志上》:“高祖太和二年十一月丁未夜，有三白氣從地出；須臾，變為黃赤，光明照地。十六年九月丁巳，昏時，赤氣見於西北，長二十丈，廣八九尺，食頃乃滅。”

《北史·外戚傳·馮熙》:“誕遇疾，不能侍從，帝日省問，醫藥備加。帝鋭意臨江，乃命六軍發鍾離南轅，與誕泣訣，左右皆入，無不掩涕。時誕已惙然。強坐視帝，悲而淚不能下，言‘夢太后來呼臣。’帝嗚咽，執手而出，遂行。是日，去鍾離五十里許，昏時，告誕薨問，帝哀不自勝。”

《太平廣記·趙叔牙》:“叔牙至明通狀，請祈雨，期三日雨足。節度使司空張建封許之，給其所須，叔牙於石佛山設壇。至三日，且無雨，當截耳。城中觀者數千人，時與寇鄰，建封以為詐妄有謀，晚衙杖殺之。昏時大雨，即令致祭，補男為散騎。”

北宋《東齋記事》卷一:“嘉祐元年五月二十四日昏時，二星相繼西流，一出天江，一出天市，劉仲更曰:‘出天江者主大水，出天市者主散財。’未幾，都城大水，居民廬室及軍營漂流者不知幾千萬區。天變不虛發也如此。”

《法苑珠林》卷十八:“是日恭父母在家。昏時有烏衣客五十人詣門寄宿。並送錢五萬付恭父母曰。公兒楊州附此錢歸。

願依數受也。”（西明寺沙門釋道世撰）

《金史·完顔霆傳》：“宋兵柵朐山，下隔湖港，霆作港中暗橋，遣萬戶胡仲珪、副統劉贇率死士由暗橋登山，霆率兵四千人趨山下，約以昬時舉火為期，上下夾擊，宋兵大敗，墜澗溺水死者，不可勝計，斬高太尉、彭元帥於陣，餘眾潰去。”

05.【私馬】：私人飼養的馬。

《漢語大詞典·宀部》收“官馬（官府供給或飼養的馬）”、“官牛（官府飼養的牛）”等詞，而《漢語大詞典·禾部》“私”（卷 8/P11）下無“私馬”詞條，當補。

官：公也，指屬於國家的、政府的或公家的。與“私”相對。《字彙·宀部》：“官，公也。”《漢書·蓋寬饒傳》：“五帝官天下，三王家天下，家以傳子，官以傳賢。”古時牛、馬地位的重要性不言而喻，尤其是作為公家財產的牛、馬。如《睡虎地秦墓竹簡·秦律·廄苑律》：“其非疾死者，以其診書告官論之。”這一法律規定已經能說明問題。

漢簡中所見“私馬”乃相對於“官馬”而言。官馬指“官府供給或飼養的馬”。簡文所見類似用法還有“官牛”、“官布”等，前皆冠以“官”字，以示區別。

漢代有以私馬參戰或戍邊駐防之例。西汉建国初，百业凋敝，物资匮乏，又值战事烦扰，这或许是“私馬”参战或戍邊駐防的原因之一，以補充“官馬”的数量缺失。如《漢書·酷吏傳·王溫舒》記載：“素居廣平時，皆知河內豪奸之家。及往，以九月至，令郡具私馬五十匹，為驛自河內至長安。”師古曰：以私馬於道上往往置驛也。《漢書·匈奴傳》："其明年春，漢謀以爲'翕侯信為单于計，居幕北，以為漢兵不能至。'乃粟馬，發十萬騎，私負從馬凡十四萬匹，糧重不與焉。"師古曰：私負衣裝者及私將馬從者，皆非公家發與之限。

西北漢簡所見用例如：

《肩水金關漢簡》73EJT7：100A："出門，乘私馬三匹。"

《敦煌漢簡》351："賀私馬一匹，六月食麥五石二斗二升。"

《敦煌漢簡》355："臨私馬一匹，十一月食麥五石二斗二升。"

《敦煌漢簡》353："承私馬一匹，十一月食麥五石二斗二升，巳官。"

《敦煌漢簡》545："高望部元始元年十月吏妻子、從者、奴、私馬致。"

《敦煌漢簡》1045："候長董賢私馬一匹。"

敦煌市疏勒河北三墩（D8·T1）採集簡牘散簡九OD八：五"出糜二石六斗，以食候史吳偃私馬一匹，五月壬戌盡甲戌十三日食。"

《居延漢簡》46.7："出卅一石六斗，食候長、候史私馬六匹，十一月食。"

《居延漢簡》122.14："第四候長夏侯放，私馬一匹。"

《居延漢簡》481.22："卒卅二人，私馬二匹。"

《居延新簡》EPT4.78："出粟二百七十一石二斗，攝食候長、候史私馬廿匹，積千七百六十匹。"

"私馬"一詞，傳世文獻用例也甚多，如：

《漢書·衛青霍去病傳》："兩軍之出塞，塞閲官及私馬凡十四萬匹，而後入塞者不滿三萬匹。乃置大司馬位，大將軍、票騎將軍皆為大司馬。"

《北史·爾朱榮傳》："父新興，太和中繼為酋長。曾行馬群，見一白蛇，頭有兩角，咒之，求畜牧蕃息。自是牛羊駝馬，日覺滋盛，色别為群，穀量之。朝廷每有征討，輒獻私馬，兼備資糧，助裨軍用。孝文嘉之。"

《晉書·石季龍載記上》："季龍志在窮兵，以其國内少馬，乃禁畜私馬，匿者腰斬，收百姓馬四萬餘以入於公。"

《梁書·康絢傳》："永元元年，義兵起，絢舉郡以應高祖，身率敢勇三千人、私馬二百五十匹以從。除西中郎南康王中兵參軍，加輔國將軍。"

《南齊書·蕭景先蕭赤斧傳》："事以明月、佛女、桂支、佛兒、玉女、美玉上臺，美滿、豔華奉東宫。私馬有二十餘匹，牛數頭，可簡好者十匹、牛二頭上臺，馬五匹、牛一頭奉東宫，大司馬、司徒各奉二匹，驃騎、鎮軍各奉一匹。"

《故唐律疏議》卷六："議曰：一事分為二罪者，假將私馬直絹五疋，博取官馬直絹十疋，依律：'貿易官物，計其等准盜論，計所利以盜論。'須分官馬十疋出兩種罪名：五疋等者，准盜論，合徒一年；五疋利者，以盜論，亦合徒一年。累為十疋，處徒一年半是也。"

《舊唐書·韋安石傳》："陟馳至歷陽，見廣琛，且宣恩旨，勞徠行賞，陟自以私馬數匹賜之，安其疑懼。即日便赴行在，謁見肅宗，肅宗深器之，拜御史大夫。"

《資治通鑒》卷二百六十四："王建出兵攻秦、隴，乘李茂貞之弱也，遣判官韋莊入貢，亦修好於朱全忠。全忠遣押牙王殷報聘，建與之宴。殷言：'蜀甲兵誠多，但乏馬耳。'建作色曰：'當道江山險阻，騎兵無所施。然馬亦不乏，押牙少留，當共閱之。'乃集諸州馬，大閱於星宿山，官馬八千，私馬四千，部隊甚整。殷嘆服。"

《元史·刑法志二》："諸驛使詐改公牒，多起馬者，杖八十七。其部押官馬，輒夾帶私馬，多取草料者，並沒入其私馬。"

06.【皂布】黑色麻布。

《漢語大詞典·白部》"皂"（卷8/P247）下無"皂布"詞條，當補。

《玉篇·白部》："皂，色黑也。"《史記·五宗世家》："是以每相、二千石至，彭祖衣皁布衣，自行迎，除二千石舍。"西北漢簡所見"皂布"即為黑色麻布。漢代布以麻織之，染之以皂色，即為皂布，是古時常見的製作衣服的布料，為日常生活所必備品。《漢語大詞典·白部》"皂"下收"皂皮（黑色皮革）"、"皂衣（黑衣）"、"皂衫（黑色短袖單衣）"、"皂袍（黑色長衣）"、"皂袴（黑色套褲）"等相關詞彙，理應收入"皂布"一詞。

漢簡所見用例如：

《肩水金關漢簡》73EJT5：65："官布複袍一領，皂布單衣一領，犬（袜）一兩，皂布單衣一領，枲履一兩。”

《肩水金關漢簡》73EJT29：108：“觻得亭長當城里趙常，年卅八，長七尺五寸，黑色，衣襦，皁布單衣，白布絝，元康二年七月辛卯入，馬一匹，弓一，矢五十，劍一，軺車一乘。”

《肩水金關漢簡》73EJT30：32：“禽寇騂北十二月奉千二百，出三百禽寇為尉丞居，出五十八常平橐一，出二百七十尉丞居，出二百以麥二石，出卅禽寇祭，出百一十六皁布八尺，出六十八黍米二斗”

《敦煌漢簡》1686：“戍卒河東北屬東邑里張奉上：皂布袍一領，出。白練裘襲一領，出。皂布單衣一領，出。皂布絝一兩，出。”

《敦煌漢簡》2324A：“先取給，宜當立上，間使不在，久久至今，叩頭叩頭。唯以皂布八尺，直百廿八錢，尺十六錢。”

《敦煌漢簡》2327：“総絨一，見。絮巾一，見。白布複襲一領，見。皁布章單衣一領，見。裘絳一兩，見。裘一領，見。白布巾一，見。布一兩，見。絲絺一兩，見。”

《居延漢簡》179. 2A：“梁國睢陽戍卒西尉里玉柱。□里襲一領。皁布複袍一領。皂布襌衣一領。皁布複絝一兩。枲菲一兩。常韋二兩。”

《居延漢簡》101. 23：“魏華里大夫曹世：皁布復（複）袍一領，皁布章單衣一領，練複褎襲一領，皁布複絝一兩。”

《居延新簡》EPT52. 638：“武里五大夫□得，年廿四。皂布複襦一領。□□□□衣一領。□□□襲一領。皂□□□一兩。

犬二兩。□□二兩。枲肥一兩。”

《居延新簡》EPT59.19：“𦈡衣橐：皁布複絝一兩，犬皮(袜)二兩，革緹二兩，枲履一兩，受都內。”

《居延新簡》EPT59.114：“收虜卒丁守，責故長石欽粟桼斗、皁布三尺。”

傳世文獻用例也非常之多，如：

《後漢書·輿服志上》：“景帝中元年五年，始詔六百石以上施車轓，得銅五末，軛有吉陽筩。中二千石以上右騑，三百石以上皂布蓋，千石以上皂繒覆蓋，二百石以下白布蓋，皆有四維杠衣。賈人不得乘馬車。除吏赤畫杠，其餘皆青雲。”

《太平廣記》卷四八五：“小人歲時伏臘得歸休，行都市間，見有賣白衫白疊布。行鄰比鄽間，有人禳病，法用皂布一匹，持重價不克致，竟以襆頭羅代之。近者小人扶杖出門，閱街衢中，東西南北視之，見白衫者不滿百，豈天下之人，皆執兵乎？”

《新唐書·地理志五》：“常州晉陵郡，望。本毗陵郡，天寶元年更名。土貢：綢、絹、布、紵、紅紫綿巾、緊紗、兔褐、皂布、大小香粳、龍鳳席、紫筍茶、署預。户十萬二千六百三十三，口六十九萬六百七十三。”

《明史·兵志一》：“至莊烈帝時提督內臣曹化淳奏改為勇衛營，以周遇吉、黃得功為帥，遂成勁旅，出擊賊，輒有功。得功軍士畫虎頭於皂布以衣甲。賊望見黑虎頭軍，多走避。”

《今古奇觀》第五十八卷：“秦少遊到二月初一日，五更時分就起來梳洗，打扮個遊方道人模樣：頭裹青布唐巾，耳後露兩個石碾的假玉環兒，身穿皂布道袍，腰繫黄條，足穿淨襪草履，項上掛一串拇指大的數珠，手中托一個金漆缽盂。侵早就到東嶽廟前伺候。”

《海公大紅袍傳》第四十四回：“在那店房内直等到二更之後，聽得滿店的客人俱已睡静，沈充即便把衣服脱下，只穿一件皂布緊身，兩腿著套褲，足下登了快鞋，懷了匕首，輕輕的把自己房門開了，悄步潛蹤，印著腳兒，來到海瑞房門之外。”

《清史稿·輿服志二》：“文、武官一品冬用狼，夏紅褐。二品冬用貛，夏紅褐緣皂褐。三品冬用貉，夏皂褐緣紅褐。四品冬用青山羊，夏皂布。均藉紅氈。五品冬用青羊，夏青布。六品冬用黑羊，夏棕色布。七品冬用鹿，夏灰色布。八品冬用麅，夏土布。九品冬用獺，夏與八品同。均藉白氈。

07.【黑色】黑的颜色。

《漢語大詞典·黑部》“黑”（卷 12/P1322）下無“黑色”詞條，當補。

黑色，顧名思義，即黑的顏色。由古至今，無論中國或者其他國家，這一詞語的使用頻率都極高，適用範圍極其廣泛。開始之初可能僅僅用於形容顏色是黑色或者接近黑色的實體事物或人，但由於其強大的生命力，由它引申發展出各種形容抽象事物的用法，以詞語形式表現出來的如“黑色幽默”、“黑色星期五”等。“黑色”一詞肯定會繼續存活使用下去，由它發展創造的新用法還會不斷增加。

簡文中所見“黑色”用法極多，多為過關時的個人信息統計項之一，即膚色如何。也有不少用於文書中形容逃犯的膚色項。皆為形容人的膚色較深。漢時邊塞多數乾旱多風沙，日照強，長久的風吹日曬導致人的膚色較深較暗，看上去和黑色一樣或接近黑色。這和當今所謂的黑色人種的自然膚色不是一回事。

簡文所見“黑色”雖然不是“黑色”的本義，即“純黑的顔色”，但這卻是當時人們共有的認識，膚色長久歷經風吹日曬，已和黑色無異，可以用黑色來形容。《漢語大詞典》收有“白色”一詞，又收錄“黑色”一詞衍生的眾多詞語，如“黑色金屬”、“黑色幽默”。據此，更應增收“黑色”一詞。

西北漢簡所見用例如：

《肩水金關漢簡》73EJT27：19：“魯國大里大夫王輔，年卌五歲，長七尺五寸，黑色。十月辛巳入，牛車一兩，弩一，矢五十一。”

《肩水金關漢簡》73EJT9：98：“長安新里公大夫張駿，年卅五，長七尺三寸，黑色。五月壬子出。”

《肩水金關漢簡》73EJT23：975：“萬年里任廣漢大奴據，年廿五，黑色。車牛一兩，練襲一領，白布單衣一領，布（襪）一兩，革履一兩。”

《肩水金關漢簡》73EJT22：1：“陰長年里公乘吳林，年廿五，長七尺二寸，黑色，將牛車一兩。”

《肩水金關漢簡》73EJT14：3：“肩水都尉屬令狐賞葆屋蘭

大昌里孫聖，年廿八，長七尺五寸，黑色”

《居延漢簡》157.24A：“正月癸酉，河南都尉忠、丞下郡大守、諸侯相，承書從事，下當用者。實字子功，年五十六，大狀，黑色，長須，建昭二年八月庚辰亡。”

《居延漢簡》334.33：“驪軒萬歲里公乘兒倉，年卅，長七尺二寸，黑色，劍一。已入。牛車一兩。”

《居延漢簡》29.1：“永光四年正月己酉，橐佗延壽隧長孫時符：妻大女，昭武萬歲里孫第卿，年廿一。子小女，王女，年三歲。弟小女，耳，年九歲。皆黑色。”

《居延新簡》ESC9A：“安衆侯國男子劉守，年卅四，字進君，長七尺二寸，爲人中狀，黑色，圓面。初亡時，衣白布單衣，組布，步行。”

《居延新簡》EPC34：“戍卒，南陽武當縣龍里張賀，年卅，長七尺二寸，黑色。”

傳世文獻中“黑色”一詞用例極多，意義不僅僅再局限於形容人的膚色暗黑，被用作“黑色”本義的甚多，猶如自然事物（如黑色雲、黑色馬等）、人工製造物（如黑色衣服、黑色飲料等）。如：

《漢書·李廣蘇建傳》：“匈奴侵上郡，上使中貴人從廣勒習兵擊匈奴。中貴人者將數十騎從，見匈奴三人，與戰。射傷中貴人，殺其騎且盡。中貴人走廣，廣曰：‘是必射雕者也。’”師古注曰：“雕，大鷙鳥也，一名鷲，黑色，翮可以為箭羽，音凋。”

《黄帝内經·靈樞譯解·五味》："五色：黄色宜甘，青色宜酸，黑色宜鹹，赤色宜苦，白色宜辛。凡此五者，各有所宜。"

《北史·爾朱榮傳》："奴言：初來時，至司空府西，欲向省。令王嫌遲，遣催車。車入，到省西門，王嫌牛小，繫於闞下槐樹，更將一青牛駕車。令王著白紗、高頂帽，短小黑色，儐從皆裙襦袴褶，握板，不似常時服章。"

《太平廣記·梁仲朋》："二更，聞林間槭槭之聲，忽有一物，自林飛出。仲朋初謂是驚棲鳥，俄便入仲朋懷，鞍橋上坐。月照若五斗栲栳大，毛黑色，頭便似人，眼膚如珠，便呼仲朋為弟，謂仲朋曰：'弟莫懼。'"

《法苑珠林》卷四："依起世經云，於世間中有四種雲：一白二黑三赤四黄。此四雲中若白色雲者，多有地界。若黑色雲者，多有水界。若赤色雲者，多有火界。若黄色雲者，多有風界。"

《東漢秘史》四十八回："行至十里坡，兩軍相遇。封何出馬，頭頂白銀盔，身披青鎧甲，坐下黑色馬，手執雁翎刀，立於陣前，大叫小軍搦戰。"

《南村輟耕録》卷二十二："至松江，見一全真道士，寓太古庵。一日，取二鰍魚。一黄色，一黑色，大小相侔者，用藥塗利刃，各斷其腰，互換接掇，首尾異色。"

《清史稿·屬國傳二》："劉永福者，廣西上思州人。咸豐間廣西亂，永福率三百人出鎮南關。時粵人何均昌據保勝，永福逐而去之，遂據保勝，所部旗皆黑色，號'黑旗軍。'"

以上是我們從部分漢簡及傳世文獻中所找到的可以為《漢語大詞典》增補詞條的例證。隨著科技的發展，新詞語的不斷湧現；加之新材料的不斷出土，又是一大批詞語得以"重見天日"，這對於語言文字學界而言，是可喜可賀的。作為中國最為大型完備的辭書，《漢語大詞典》理應不斷豐富完善詞條，體現自身翔實的一面。本文的論述，由於學識及手中掌握材料的限制，所增補之詞條未必合理，還望專業人士給予指正。

《漢語大詞典》詞條試補

——以《長沙走馬樓三國吳簡》為材料

張曉芳*

摘　要：《長沙走馬樓三國吳簡》作為出土材料，真實客觀地記錄反映出三國孫吳時期語言的實際使用情況，其語料對於修訂《漢語大詞典》有很大的價值。本文選取《長沙走馬樓三國吳簡》作為研究材料，增補《漢語大詞典》所未收的十個詞條，分別如下：承餘、具封、列言、叛走、對驗、庫吏、姊聟、拘計、持還、族孫。

關鍵詞：三國吳簡；增補詞條；《漢語大詞典》

20世紀以來，我國出土了大量的簡帛材料，《長沙走馬樓三國吳簡》就是其中最為重要的材料之一。三國吳簡不僅數量巨大，而且內容也很豐富，涉及孫吳時期社會生活的各個方面。為三國時期社會、政治、經濟等的研究提供了便利，更多的是

* 張曉芳，山西省朔州市懷仁一中 教師 朔州 036000。

為魏晉南北朝這一過渡時期的漢語研究提供了豐富的語料。

張顯成先生提到："簡帛具有巨大的研究價值，其原因主要有二：一是簡帛具有傳世文獻不可比擬的文獻真實性；二是簡帛是一個世紀以來發現的新材料，這些材料不少都是佚亡一兩千年的珍貴資料，在很大程度上彌補了史籍記載之不足。"① 這些出土文獻特別是其中的同時資料，沒有被傳抄及修改，更具有真實性，故為漢語詞彙的研究提供了大量真實可靠的語料。在《長沙走馬樓三國吳簡》中，《漢語大詞典》未曾涉及的詞語甚多，若整理搜集之，可大大豐富其內容。本文舉十個《漢語大詞典》未收詞條，以示《長沙走馬樓三國吳簡》對增補《漢語大詞典》未收詞條的價值。

承餘：指上期結算後的剩餘。

《漢語大詞典·乙部》（卷1/p770）"承"下無"承餘"詞條，當補。

"承"有"繼承、接續"的含義。《詩·秦風·權輿》："籲嗟乎，不承權輿。"毛傳："承，繼也。"南朝宋劉義慶《世說新語·賞譽》："使子繼父業，弟承家祀，有何不可？"唐韓愈《祭十二郎文》："承先人後者，在孫惟汝，在子惟吾。"宋耐得翁《〈都城紀勝〉序》："中興已百餘年，列聖相承，太平日久，前後經營至矣。"清俞樾《古書疑義舉例·分章錯誤例》："'求之不得'正承'寤寐求之'而言，鄭分而二之，非是。""承餘"

① 張顯成《簡帛文獻學通論》，第265頁，北京：中華書局，2004年。

輒指經過上一階段的耗費後在結算時還剩有的餘額。《漢語大詞典·乙部》"承"下無此詞條，根據三國吳簡中大量出現的書證，可補：

《長沙走馬樓三國吳簡·竹簡〔肆〕》1100："右三月旦承餘新入布一千□百□匹二丈二尺五寸。"①

《長沙走馬樓三國吳簡·竹簡〔肆〕》1317："主庫吏殷連謹列承餘新入布匹數簿。"

《長沙走馬樓三國吳簡·竹簡〔肆〕》1344："主庫吏殷連謹列正月旦承餘新入布匹數簿。"

具封：書寫、封存向上遞呈的文書。

《漢語大詞典·八部》（卷 2/p107）"具"下無"具封"詞條，當補。

《漢語大詞典·八部》"具"可以表示"陳述、開列"和"寫、撰寫"。《漢語字詞典·寸部》"封"："⑱封閉；查封"、"⑳封事，即古代臣子向帝王遞呈的密封奏章。"《正字通·寸部》"封，漢制，臣下奏事，皂囊封板，以防宣漏，謂之封事。""封事"意是由"密封"引申而來。可見"封"可以表示"封存"文書，與"具"組合成詞。"具封"當釋為"書寫、封存向上遞呈的文書"。《漢語大詞典·八部》收有"具奏"釋為

① 本文所引簡帛文字和釋文符號，悉依張顯成主編《楚簡帛逐字索引（附原文及校釋）》（四冊本），成都：四川大學出版社，2013 年。可詳見該書第一冊《凡例》第 14 條。

"備文上奏"，與"具封"的組詞原理相同。且"具封"在簡帛和傳世文獻中都有用例，故當補：

《長沙走馬樓三國吳簡·竹簡〔貳〕》7189："大女黄員罪應髡頭、笞二百、黥面、送大屯事，嘉禾三年五月十二日書，佐烝頓具封。"佐，即書佐的簡稱，平時主要負責文書類工作的小吏。

《長沙走馬樓三國吳簡·竹簡〔叁〕》1946："嘉禾三年正月卅日書，佐烝斌具封。"

《長沙走馬樓三國吳簡·竹簡〔叁〕》3414："嘉禾三年正月廿日書，佐烝斌具封。"

以下為傳世文獻中用例：

《北使録》："道經獨石停征騎，世事皆非實可傷。守將肆貪營宅地，近臣徒力保邊疆。人家已盡遭兵火，倉廩猶存助敵糧。回首具封希上旨，用懲有罪表忠良。"

《湘山野録·卷中》："胡大監旦喪明歲久，忽襄陽奏入，胡某欲詣闕乞見。真宗許之。既到闕，王沂公曾在中書，謂諸公曰：'此老利吻，若獲對，必妄訐時政。'因先奏曰：'胡某瞽廢日久，廷陛蹈舞失容，恐取笑於仗衛，乞令送中書問求見之因。'真宗令中人閤門傳宣，送旦於中書，或有陳敘，具封章奏上。"

列言：陳述；說明。

《漢語大詞典·刀部》（卷2/p609）"列"下無"列言"詞條，當補。

《漢語大詞典·刀部》“列”：“⑦陳述。”《漢書·司馬遷傳》：“拳拳之忠，終不能自列，因爲誣上，卒從吏議。”顏師古注：“列，陳也。”《漢語大字典·言部》“言”：“⑥陳述；敘述。”“列言”當是同義複合詞，即表示“陳述、說明”。從《長沙走馬樓三國吳簡》中的用例來看，此意已很顯明，且在傳世文獻中也有很多用例，如下：

《長沙走馬樓三國吳簡·竹簡〔貳〕》841：“無有家屬可詭責者，已列言依癸卯書原除。”癸卯書，即當時的一種法律文書。此句意為：沒有家屬來承擔責任，已說明根據癸卯書免除了責罰。

《長沙走馬樓三國吳簡·竹簡〔肆〕》1410：“右倉曹列言，入五年鄉雜米起正月九日訖十六日合六千二百一十三斛二斗八升，與前剌通合四萬六千五百。”

《宋書·元兇劭傳》：“不有暫勞，無由永晏。然興創事大，圖始當難。今欲且開小漕，觀試流勢，輒差烏程、武康、東遷三縣近民，即時營作。若宜更增廣，尋更列言。”

《魏書·靈徵志》：“今張掖郡列言：丘池縣大柳穀山大石有表質白章，間成文字，記國家祖宗之諱，著受命歷數之符。”

《南史·婆利國》：“佛化被於中國，已歷四代，而自頃以來，更以奢競為重。請自今以後，有欲鑄銅像者，悉詣臺自聞。興造塔寺精舍，皆先列言，須許報然後就功。”

叛走：叛逃，逃走。

《漢語大詞典·又部》（卷2/p889）“叛”下無“叛走”詞

條，當補。

《漢語大詞典 · 又部》“叛”：“②叛逃；逃遁。”《説文 · 辵部》“逃，亡也。”《玉篇 · 辵部》“逃，逃亡也。”《漢語大詞典 · 走部》“走”：“⑥逃跑；逃奔。”《漢語大字典 · 走部》“走”：“②逃跑。”“叛走”乃同意複合詞，表示“叛逃、逃走”之意。當補。

在三國孫吳地區儘管政府上層採取很多措施阻止民衆叛逃，但繁重的苛捐雜稅還是讓“叛走”者捨命出逃。《長沙走馬樓三國吳簡》中有一些對叛逃者的記録，如下：

《長沙走馬樓三國吳簡 · 竹簡〔壹〕》7865：“縣吏毛章弟頎，年十五，以嘉禾三年十二月十七日叛走。”以，介詞，用在時間詞前面表示事件發生的時間。

《長沙走馬樓三國吳簡 · 竹簡〔壹〕》7849：“諸鄉 謹列郡縣吏兄弟叛走人名簿。”

《長沙走馬樓三國吳簡 · 竹簡〔叁〕》：“南年卅三給限佃客，以嘉禾四年八月十一日叛走。”

傳世文獻中也有很多“叛走”的書證。

《後漢書 · 西羌傳》：“趙沖復追叛羌到建威鸇陰河。軍度竟，所將降胡六百餘人叛走，沖將數百人追之，遇羌伏兵，與戰歿。”

《宋書 · 交九王》：“元徽四年七月，垣祇祖率數百人奔景素，云京邑已潰亂，勸令速入。景素信之，即便舉兵，負戈至者數千人。運長等常疑景素有異志，及聞祇祖叛走，便纂嚴備辦。”

對驗：對證；校實。

《漢語大詞典·寸部》（卷2/p1293）“對”下無“對驗”詞條，當補。

《漢語大詞典·寸部》“對”：“⑦校核；对质。”《漢語大詞典·馬部》“驗”：“⑦驗證；證實。”《漢語大字典·寸部》“對”：“⑥核對；比照着檢查。”《漢語大字典·馬部》“驗”：“④檢查；檢驗。”《篇海類編·鳥獸類·馬部》：“驗，考視也。”因此，“對驗”為同義複合表示“對證、校實”義。在三國吳簡中有此詞的用例：

《長沙走馬樓三國吳簡·竹簡〔叁〕》475：“司馬趙奴詣縣，與大男張吉對驗事。”

在傳世文獻中，也有“對驗”的用例，都可釋為對證、校實：

《宋史·律曆》：“秋官正史端等言：‘昭吉曆差。昭素、瑩二曆以建隆癸亥以來二十四年氣朔驗之，頗為切准。復對驗二曆，唯昭素曆氣朔稍均，可以行用。’”

《清史稿·食貨志》：“八年，世祖親政，分命御史巡行各省，察民間利病。蘇松巡按秦世楨條奏八事：曰，田地令業主自丈，明注印冊；曰，額定錢糧，俱填易知由單，設有增減，另給小單，以免奸胥藉口；曰，由單詳開總散數目，花戶姓名，以便磨對；曰，設立滾單，以次追比；曰，收糧聽里戶自納簿櫃，加鈐司府印信；曰，解放先急後緩，勒限掣銷；曰，民差查田均派，與排門冊對驗；曰，備用銀兩，不得額外透支，徵解銀冊，布政司按季提取，年終報部。自後錢糧積弊，釐剔澌清。”

《通典·刑法》：“即罪重害，及疑似處少，不必皆須滿三者，囚因訊致死者，皆俱申牒當處長官，與糾彈官對驗。”

庫吏：官庫中的胥吏。

《漢語大詞典·广部》（卷 3/p1231）“庫”下無“庫吏”詞條，當補。

《漢語大詞典·人部》收有“倉吏”一詞，釋為“官倉中的胥吏”。同理，當補“庫吏”一詞。“庫吏”一詞在《長沙走馬樓三國吳簡》中出現上千次，且在傳世文獻中也很常見。

《長沙走馬樓三國吳簡·竹簡〔叁〕》454：“嘉禾二年十一月廿五日禁惕丘男子周鵲付庫吏殷連受。”

《長沙走馬樓三國吳簡·竹簡〔肆〕》811：“冬賜布一匹，嘉禾元年七月十七日關丞祁付庫吏殷一匹，連受。”此處庫吏姓殷名連，故文中“殷”與“連”同指一人。

《三國志·魏書》：“太祖馬鞍在庫，而為鼠所齧，庫吏懼必死，議欲面縛首罪，猶懼不免。”

《資治通鑑·唐紀》：“上皇賜張良娣七寶鞍，李泌言於上曰：‘今四海分崩，當以儉約示人，良娣不宜乘此。請撤其珠玉付庫吏，以俟有戰功者賞之。’”

姊聟：亦作“姊壻”，姐夫。

《漢語大詞典·女部》（卷4/p310）“姊”下無“姊聟”，當補。

《漢語大詞典·耳部》“聟”：“同‘壻’。”《漢語大詞典·土部》“壻”：“②丈夫；夫婿。”且引書證有：“《後漢書·耿秉傳》：‘漢貴將獨有奉車都尉，天子姊壻，爵爲通侯，當先降之。’唐白居易《楊六尚書新授東川節度使代妻戲賀兄嫂二絕》之二：‘金花銀椀饒兄用，罨畫羅衣盡嫂裁。覓得黔婁爲妹壻，可能空寄蜀茶來？’”《漢語大詞典·女部》“妹婿”：“亦作‘妹壻’，妹夫。”故當補“姊聟”一詞。

今在《長沙走馬樓三國吳簡》中有“姊聟”一詞，義同“姐婿”，應釋為“姐夫”，可補：

《長沙走馬樓三國吳簡·竹簡〔肆〕》4550：“遊昔少小隨姑父陳密在武昌，密以（於）黃龍元年被病物故，遊轉隨姊聟州吏李恕到今年六月三日。”

拘計：總計。

《漢語大詞典·手部》（卷6/p480）“拘”下無“拘計”詞條，當補。

《漢語大字典·手部》“拘”：“⑦聚集；收集。”《東周列國志》第四十一回：“原來舟之橋是虢國降將，事晉已久，滿望重用立功，確差他南河拘集船隻，心中不平。”“拘”與“計”聯合成詞，有“總計”、“統計”之義。

《長沙走馬樓三國吳簡·竹簡〔壹〕》1670：“六十九斛九斗四合，拘計州中、三州倉。俱起嘉禾二年九月一日訖三年五月十五日。"

明章潢《圖書編·總曆敘》："自劉歆作《三紀曆》，推《易》以合《春秋》，然後知曆作不可無所本。自杜預序《長曆》以為：'天運必有差，而后知用曆之不可有。'所拘計秦漢以後古曆不傳，所存者自黄帝至魯凡七家。"

持還：拿回去。

《漢語大詞典·手部》（卷6/p547）"持［chí］"下無"持還"詞條，當補。

《漢語大詞典·手部》"持"："①拿着；握住。"《漢語大詞典·手部》"還"："①返回。"故"持還"組合成詞，釋為"拿回去"，當補。

在《長沙走馬樓三國吳簡》中吏民繳納賦稅完畢後，官府出具相關牒文作為憑證，吏民不可以將此牒文"持還"鄉里。

《長沙走馬樓三國吳簡·竹簡〔壹〕》173背："入錢畢，民自送牒還縣，不得持還鄉。"

傳世文獻中也有諸多用例。

《漢書·何並傳》："會日暮追及，收縛冠奴，奴曰：'我非侍中，奴耳。'並心自知已失林卿，乃曰：'王君困，自稱奴，得脱死邪？'叱吏斷頭持還，縣所剝鼓置都亭下，署曰：'故侍中王林卿坐殺人埋冢舍，使奴剝寺門鼓。'"

《晉書·湣懷太子傳》："遂可飲二升，餘有一升，求持還東宫飲盡。逼迫不得已，更飲一升。飲已，體中荒迷，不復自覺。"

族孫：同族孫子。

《漢語大詞典·方部》（卷6/p1603）“族”下無“族孫”詞條，當補。

《漢語大詞典·方部》“族”：“②姓氏。同一家族、宗族系統的稱號。”族，即指同一宗族有血緣關係的親屬。故“族孫”指同一宗族中孫子。當補。

長沙走馬樓出土的簡帛材料中有此詞的用例：

《長沙走馬樓三國吳簡·竹簡〔貳〕》1952：“專族孫仕伍佰，年五歲。”

傳世文獻中更是有上百條用例：

《晉書·苻登載記》：“登，字文高，堅之族孫也。父敞，健之世為太尉司馬、隴東太守、建節將軍，後為苻生所殺。”

《魏書·封敕文傳》：“翰族孫靜，世宗時，歷位征虜將軍、武衛將軍、太子左衛率，以幹用稱。”

《舊唐書·李義琰傳》：“李義琰，魏州昌樂人，常州刺史玄道族孫也。”

《舊唐書·褚無量傳》：“劉子玄，本名知幾，楚州刺史胤之族孫也。”

《新唐書·權萬紀傳》：“萬紀子玄初，高宗時兵部侍郎。懷恩，萬紀族孫。”

以上所述十個詞語皆意義明確，在傳世文獻中也多有用例。《漢語大詞典》缺收這些詞語，不失為一種遺憾。然而相對於《長沙走馬樓三國吳簡》中所見《漢語大詞典》未收的所有詞語來説，這十個詞條只是冰山一角。由此可知，在所有簡帛文獻，乃至所有出土文獻中有大量的詞語未收於《漢語大詞典》。故應充分重視簡帛材料對詞彙學、辭書學的價值。這將有助於《漢語大詞典》的修訂和其他大型語文辭書的編撰和修訂。

古文字中的“教”和“學”

陳夢兮*

摘　要：傳世文獻中有時“學”用為“教”，鄭玄也多次注“學，教也”。故討論反訓的學者常常把“學”歸入施受關係同詞的反訓例。從出土文獻看，情況複雜得多。本文通過對金文、戰國楚簡材料中“教”、“學”字形的分析，認為“教”和“學”在先秦時期字形有明顯的差異，這種差異性是隨着時代的變化不間斷的。同時，在個別材料中出現了施受同詞的現象。戰國時期字形為“季”的“教”字有時用為“學”，不排除有與“學”字形相近訛混的因素。以上這些現象漢代經師已經注意到，並且在訓釋古書的時候能夠很好地分辨二字。許慎《說文解字》也受到這些個例的影響。所以傳統的“學”字是“一字兼有正反兩義的現象”在出土的先秦材料中體現出的是個別書寫者的習慣。

關鍵詞：教　學　反訓　古文字　書寫習慣

* 陳夢兮，浙江大學漢語史研究中心 2013 級 博士研究生 杭州 310028。

“教”、“學”是一組同源字[①]。古文獻中二者時有相混：《尚書·洛誥》“乃女其悉自教功”，《尚書·大傳》作“乃女其悉自學功”；《尚書·商書》“盤庚斅於民”，據文意“斅”應指“教”；鄭玄三禮注多次有“學，教也”。討論反訓的學者常常把“學”歸入施受關係同詞的反訓例。與“受”的情況不一樣（“授”是一個後起字），“教”和“學”早期就由兩個不同的字形表示（甲骨文“教”作或，“學”甲骨文作[②]），説明造字之初有意將此二字區別。《漢語大字典》“古教、學原為一字，以後分化為二”[③] 的説法也是缺乏根據的。蔣紹愚提出在討論反訓的時候要注意到“字和詞是兩個相關而又不同的概念”、“不同歷史時期的詞義不應該看作一個平面”[④]，所以我們有必要在討論先秦“學”、“教”關係時使用當時的字形、結合當時的語料。

一、字形辨析

“教”《説文》小篆為，古文為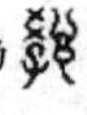和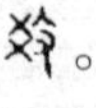。西周至戰國，

① 王力《同源字典》，中華書局，2014 年版，頁 311–312。

② 季旭昇《説文新證》，福建人民出版社，2010 年版，頁 249–250。

③ 漢語大字典編輯委員會《漢語大字典》，崇文書局，2010 年版，頁 1092。

④ 蔣紹愚《從“反訓”看古代漢語詞彙的研究》，《漢語詞彙語法史論文集》，商務印書館，2000 年版，頁 111。

其字形又有幾種變體：

散氏盤（10176） 鄭大子之孫與兵壺① 王何戈（11329）

郭店簡《唐虞之道》 上博簡《容成氏》 上博簡《顏淵問於孔子》

上博簡《從政》（乙） 上博簡《從政》（甲）清華簡《皇門》

這些“教”的異體字可以依次隸定為效、季、教、訤、詻和敎。

“學”《說文》小篆為，或體為。西周至戰國，其字形有如下變體：

師　簋（4324） 沈子它簋蓋（4330） 郭店簡《性自命出》

上博簡《中弓》

可以依次隸定為學、斆、學和孚。

戰國楚簡“教”、“學”也同時出現於同一篇文章內，區別

① 董蓮池《新金文編》，作家出版社，2011年版，頁398。

也同樣明顯，是對甲金文的承襲。

(1) 上博簡《從政》中的“教”和“學”：

教：~之以義。~之以刑則逐。不~而殺則虐。

學：見善行，納其仁焉，可謂~矣。

(2) 上博簡《史籀問于夫子》中的“教”和“學”：

教：~於治乎在治

學：~自……

(3) 郭店簡《老子》中的“教”和“學”：

教：聖人居亡為之事，行不言之~。

學：~者日益。絕~亡憂。

以上可知“教”和“學”不僅來源不同，而且從西周到戰國時期的字形來看，有顯著的差別。二者皆有可能具備的部件是爻、子、攴；它們差異也是明顯的：“教”可以从口或言，而“學”一定从臼或冂。郭店簡《語叢一》“教學”合文作，字形上雜糅了二字。

二、詞義分析

出土文獻中，大部分如上文所揭，“教”與“學”不相混。“教”多用為政教、教化或傳授知識義；“學”為學習或學校之義，如大盂鼎（2837）“余唯即朕小學”，“學”是指學宮。

但也有個別施受同詞的情況，“學”可用為“教”，“教”可用為“學”。下面就逐一分析這些個例。

（1）西周中期的靜簋（4273）中有三個“學”：“王令靜司射學宮”、“小子眔服、眔小臣、眔尸僕學射”、“靜學無尤”。第一個“學”是名詞指學習的地方，第二個“學”是動詞意為“學習”，而第三個“學”是動詞義為“傳授知識”。

（2）西周早期的沈子它簋蓋（4330）“克有型斆”，用“學”的異體字，意為“跟從，以為法則”，沒有混用。但春秋時期的鄭大子之孫與兵壺①這個意義卻作“永寶孪之”，壺蓋銘文作“永寶教之”，這兩個“教”類似金文的動詞“永寶是從”、“永保是尚”中的“從”和“尚”，是“學”的引申義，也是“教”用為“學”之例。

（3）清華簡《皇門》“疋驅疋敿于非彝”，今本作“維時及胥學于非夷”。清華簡《祭公之顧命》篇“茲由襲孪于文武之曼德”，對應的今本作“茲申于小子追學”。清華簡《芮良夫毖》

① 董蓮池《新金文編》，作家出版社，2011年版，頁398。

作:“政百有司，疋（胥）訓疋（胥）斈。”可見《皇門》整篇都用“教”的異體字表示“學”。

(4) 郭店簡《語叢三》“與不好教者遊，損”，這個“教”亦用為“學”。

(5) 郭店簡《唐虞之道》“大教之中，天子親齒，效民弟也”，同時出現了“教”和“效”，第二字是“教”的異體字讀如字沒有問題，第一個字裘錫圭先生按語:“大教，讀為太學。”這條材料可以看出書手確實在刻意對“教”和“學”兩個詞進行區分。

戰國楚簡中，混用集中出現在“斈”字上。“斈”是“教”字省右部之“攴”，是“教”的異體字。最早見於上文提到的鄭大子之孫兵壺，器身作“斈”，而蓋銘作“教”。上博《性情論》“然後復以斈”，郭店《性自命出》字作“詧”，上文已經考證過從言之字為“教”。另外，據筆者統計，戰國楚簡中出現“斈”42次，其中確定是用為“教”的是39次，也就是90%以上的書手都認為這個字是“教”。所以“斈”為“教”的異體字是沒有問題的。在此基礎上，我們再來看戰國楚簡中“斈”與“學”互為異文的情況。

(1) 郭店簡《老子》甲“斈不斈，復眾之所過”，郭店《老子》丙“斈”作“學（學）”。郭店《老子》甲另有意義明確的“教”字作“斈”，《老子》丙多次出現意義明確的“學”字作“學”。產生這種情況的原因有兩種可能：一是《老子》甲的書寫者原文就是“教不教，復眾之所過”，而《老子》丙的書寫者認為原文應該是“學不學，復眾之所過”；二是這兩個書寫者其中之一認為“教”、“學”可以用同一個字形表示。後一種推測可能性較大。

(2) 上博簡《從政》(甲)“見善行，納其仁焉，可謂學矣”，《孔子詩論》有“見善而斆”。《從政》意義明確的“教”字作“𡥈”和“䛧”，“學”字作“𡥈”，該文書手能夠區分這兩個詞，而且正確使用了其異體字，所以原文是“見善而學”，無論從文意上或是從書手用字考慮，都是沒有問題的。那麼，《孔子詩論》的書者有可能認為“教”、“學”可以同字。

(3)《詩經·周頌·敬之》“日就月將，學有緝熙于光明”，清華簡《周公之琴舞》該句作“日就月將，斆其光明”，整理者認為“斆，楚簡中多讀為‘教’，疑讀為‘效’。”[1] 顧史考認為“學、斆”二字易混，《周公之琴舞》“斆其光明”完全有可能讀為：“學其光明”[2]。不能確定原文是“學其光明”或是“教其光明”，這裡我們就無法判斷是後世傳本訛誤還是同時代的“教”、“學”同詞。但顧史考先生提出“學、斆”二字字形易混的可能，是非常值得參考的。也就是說，“學”、“教”二者偶爾錯用，除了“古人把施受看作同一動作的兩個方面”[3] 的可

① 清華大學出土文獻與研究保護中心編《清華大學藏戰國竹書（三）》（下冊），中西書局，2012 年版，頁 136。

② 顧史考《清華簡〈周公之琴舞〉成王首章初探》，《古文字研究》（第三十輯），中華書局，2014 年版，頁 399–400。

③ 蔣紹愚《古漢語詞彙綱要》，商務印書館，2005 年版，頁 153。

能，也有可能是書手無意的訛混。

(4) 上博簡《中弓》出現數次“教”和“學”，似乎書手是對這兩個詞有所區分的：

教：足以～矣。　～而使之。　型政不緩，德～不倦。

學：一日以善立，所～皆終。　所～皆崩。

而該篇簡22：“則民懽（勸）丞（承）”，清華簡《命訓》簡5作“如恐而丞（承）斈，則度至於極”。從詞義上，這個地方顯然應該讀作“承教”，也就是說《中弓》的書手6例“教”、“學”的使用中僅有1例以“學”作“教”，極有可能是無意的訛混。

以上這些意義為“學習”的“教”，古文字學者或轉讀為“效”。“斈”與“學”常常互為異文，且金文開始“教”和“學”就時有互作，且“效”另有其字，所以讀為“效”實無必要。《說文》裡有“斈，放也”，從出土文獻看，許慎也是受了戰國個別材料的影響。

經過以上詞義辨析，“教”、“學”的“施受同詞”現象從西周到戰國時期，都是極少見的，大部分書手不僅區別這兩個詞，而且在兩個詞對應的用字上有高度的一致性。

三、結論

從上面的分析，我們可以看出以下的事實：

（1）“教”和“學”在先秦時期字形有明顯的差異。

（2）能確定的“施受同詞”例，僅出現在西周中期的靜簋、春秋時期的鄭大子之孫與兵壺、戰國時期的清華簡《皇門》、郭店簡《唐虞之道》、郭店簡《語叢三》、郭店簡《老子》（甲或乙其中之一）、上博簡《孔子詩論》、《中弓》，沒有明顯的時代性、地域性，且不具備同時代普遍性，有可能體現的是書手個體的認識。

（3）戰國時期字形為“孪”的“教”字有時用為“學”，不排除有與“學”字形相近訛混的因素。

（4）許慎《說文解字》也受到“施受同詞”這種個別現象的影響。

上博楚簡詩賦文獻研究綜述

李曉梅*

摘　要：目前在上博楚簡中已經發現了6篇前所未見的詩賦文獻，學界對此多有研究，討論不絕，有豐富的成果面世。但這些研究成果多爲劄記、散篇的形式，缺乏全面綜合的整理與研究。而且目前的相關研究主要集中於字詞考釋方面，在文學史、文化史等方面的研究還未形成規模。當前有必要對前一階段的字詞訓釋成果進行系統梳理，以便學者利用上博簡詩賦文獻材料進行其他相關領域的深入研究。

關鍵詞：上博楚簡；詩歌；辭賦；文獻綜述

近年來公佈的上海博物館藏戰國楚竹書（簡稱“上博簡”）中發現了6篇詩賦作品，其中詩經體作品有2篇，收録於馬承源先生主編的《上海博物館藏戰國楚竹書（四）》（上海古籍出版社，2004年），發表時分別題作《交交鳴鶩》和《多薪》；楚

* 李曉梅，廣西中醫藥大學基礎醫學院醫古文教研室 助教 南寧 530200。

辭體作品有4篇，收録於馬承源先生主編的《上海博物館藏戰國楚竹書（八）》（上海古籍出版社，2011年），發表時分别題作《李頌》《蘭賦》《有皇將起》和《鶹鷅》。以上這6篇詩賦作品，都是前所未見的佚篇，向我們展現了《詩經》《楚辭》以外的先秦詩賦的面貌，是研究先秦時期楚地文字、楚地語音和楚地文學發展情況的重要材料，值得學界重視和研究利用。

上博簡中的詩賦文獻一經披露，就在學界引起了討論的熱潮。學者們從文字學、語言學、文獻學、文學等各個學科角度對上博簡中的詩賦文獻進行了深入研究，産生了大量相關著述。由於網絡媒體交流的便利，學界對上博簡詩賦文獻的相關討論和研究，有不少是先在網絡上發佈主題帖，而後再整理成文發表在正式刊物上。特别是釋文考釋方面的成果，多以零札、筆記的形式發表，材料呈散點式分佈，搜索和查閱起來有如沙海淘金，極其不便。在這期間，多有觀點重出或者同一學者前後觀點不一致的現象，每須費力甄别，也有一些頗具創見的觀點被淹没在海量的信息之中，未能獲得關注，這些都不利於後續研究工作的開展。有鑒於此，筆者利用中國知網全文數據庫和各相關學術網站的搜索引擎，將2004年至2014年這十年間對上博簡詩賦文獻的相關研究論文進行了爬梳清理。現按館藏地和文獻體裁分類，以簡文公佈先後和研究成果發表時間爲序，作綜述如下：

一、對上博簡詩歌文獻的研究

上博簡中的詩歌文獻主要有《交交鳴鶩（烏）》和《多薪》2篇，其主要研究成果如下：

(一) 涉及多篇文獻的研究

馬承源主編《上海博物館藏戰國楚竹書（四）》（上海古籍出版社，2004）[①] 以《逸詩》爲總題，公佈了《交交鳴鶩（烏）》和《多薪》的原大圖版、放大圖版和全部釋文，並由馬承源先生撰寫了相關簡文的考釋意見。

董珊《讀〈上博藏戰國楚竹書（四）〉雜記》（簡帛研究網，2005-2-20）[②] 對《交交鳴鶩（烏）》和《多薪》二詩分別進行分章録文，補出殘句，對《交交鳴鶩》的“厇”“媺”“間卝”，《多薪》的“斯”“多”等疑難字詞作出了訓釋，大略闡釋了兩首詩的大意和詩旨。

于智博《〈上海博物館藏戰國楚竹書（四）〉研究概況及文字編》（吉林大學碩士論文，2007）[③] 從文字編編撰的角度，介

---

① 馬承源主編《上海博物館藏戰國楚竹書（四）》，上海古籍出版社，2004年。

② 董珊《讀〈上博藏戰國楚竹書（四）〉雜記》，簡帛研究網 http://www.jianbo.org/admin3/2005/dongshan001.htm，2005-2-20。

③ 于智博《〈上海博物館藏戰國楚竹書（四）〉研究概況及文字編》，吉林大學碩士學位論文，2007年。

紹了上博簡《交交鳴鶩（烏）》《多薪》中的文字隸定情況，其中隸定有異義的字 3 個，分别是《交交鳴鶩（烏）》簡 1 、，《多薪》簡 1 。

（二）對《交交鳴鶩（烏）》的研究

廖名春《楚簡〈逸詩·交交鳴烏〉補釋》（簡帛研究網，2005-2-12）[①] 嘗試補完《交交鳴鶩（烏）》一詩的殘文，對簡文中“君子相好”“皆芋皆英”“隹心是萸”等一些疑難詩句進行了考釋，在此基礎上重新對全詩作出釋文，並將之譯爲口語。

季旭昇《〈上博四·逸詩·交交鳴烏〉補釋》（簡帛研究網，2005-2-15）[②] 嘗試補完《交交鳴鶩（烏）》詩的殘文，並對詩中疑難詞句進行了疏解，最後列出了對全文釋文的寬式隸定和語譯。文章認爲“鶩”即烏鴉，“幾紋是好”即“好是幾紋”，“幾紋”可釋爲相好、和善、親善。

孟蓬生《上博竹書（四）閒詁》（簡帛研究網，2005-2-15）[③]，對《交交鳴鶩（烏）》簡 1 的“戲紋是好”和簡 3 的“集於中瀼”作出訓釋。文章認爲“戲”當讀爲“豈”，用爲反

① 廖名春《楚簡〈逸詩·交交鳴烏〉補釋》，簡帛研究網 http：//www. jianbo. org/admin 3/2005/liaominchun005. htm，2005-2-12。

② 季旭昇《〈上博四·逸詩·交交鳴烏〉補釋》，簡帛研究網 http：//www. jianbo. org/admin 3/2005/jixusheng003. htm，2005-2-15。

③ 孟蓬生《上博竹書（四）閒詁》，簡帛研究網 http：//www. bamboosilk. org/admin 3/2005/mengpengsheng001. htm，2005-2-15。

詰副詞；"澫"當讀爲"瀨"，意爲淺水。

秦樺林《楚簡逸詩〈交交鳴鶩〉劄記》（孔子2000-"清華大學簡帛研究"專欄，2005-2-18）① 對《交交鳴鶩（鳥）》詩的一些疑難詩句進行了考釋，分析了該詩的韻部、章意，並從詩句用詞語法習慣和思想內容等方面，對該詩的作者身份、寫作年代及其與《雅》詩的關係作出了推測，認爲該詩產生於屈原《橘頌》之前，其詩並非刪詩的孑遺，而是《詩經》定本形成之後，由戰國時頌習《詩經》的儒者所擬作。

廖名春《也說"交交鳴鶩"》（孔子2000網-"清華大學簡帛研究"專欄，2005-2-21）② 主要針對《交交鳴鶩（鳥）》詩中"鶩"的釋讀爭議進行了辨析，認爲"鶩"可視作"鳥"的繁文，上部的"於"可看作"羽"的假借。

魏宜輝《讀上博楚簡（四）劄記》（孔子2000網-"清華大學簡帛研究"專欄，2005-3-5）③ 對《交交鳴鶩（鳥）》"豈俤君子"的"豈"字形進行了說解，認爲簡文"豈"乃是"豒"的省體，在文中讀爲"愷"。

---

① 秦樺林《楚簡逸詩〈交交鳴〉劄記》，孔子2000網-"清華大學簡帛研究"專欄 http：//www. confucius2000. com/admin/list. asp？id=1608，2005-2-20。該文又發表於簡帛研究網 http：//www. jianbo. org/admin 3/2005/qinhualin001. htm，2005-2-20。

② 廖名春《也說"交交鳴鶩"》，孔子2000網-"清華大學簡帛研究"專欄 http：//www. confucius2000. com/admin/list. asp？id=1622，2005-2-21。

③ 魏宜輝《讀上博楚簡（四）劄記》，孔子2000網-"清華大學簡帛研究"專欄 http：//www. confucius2000. com/admin/list. asp？id=1642，2005-3-5。

孟蓬生《上博竹書（四）閒詁（續）》（簡帛研究網，2005-3-6）① 辨析了《交交鳴鶩（烏）》簡1“戠紋是好”的“戠”字形，認爲“戠”从豈，从幾省聲，是一個雙聲字。文章還分析了簡3、簡4的“間關悬司”之句，認爲“悬司”當從季旭昇讀爲“謀治”，“間關”當解釋爲“輾轉曲折”，“間關悬司”是説君子曲盡其道，千方百計地謀求治國之法。

楊澤生《讀〈上博四〉劄記》（簡帛研究網，2005-3-24）② 對《交交鳴鶩（烏）》簡2“戠俤”的“”作出訓釋，文章推測“”可能是“牙爪”二字。

季旭昇《〈交交鳴烏〉新詮（摘要）》（簡帛網，2006-9-27）③ 對《交交鳴鶩（烏）》詩全文進行了分章重新釋文和語譯，並修正了對“鶩”“豈弟君子”、“戠敚是好”、“皆上皆下”、“若珠若貝”、“皆小皆大”等語句的訓釋意見。

李鋭《上博簡〈子羔〉〈交交鳴烏〉札記二則》（簡帛網，

① 孟蓬生《上博竹書（四）閒詁（續）》，簡帛研究網 http：//www. jianbo. org/admin 3/2005/mengpengsheng002. htm，2005-3-6。

② 楊澤生《讀〈上博四〉劄記》，簡帛研究網 http：//www. bamboosilk. org/admin 3/2005/yangzesheng001. htm，2005-3-24。

③ 季旭昇《〈交交鳴烏〉新詮（摘要）》，簡帛網 http：//www. bsm. org. cn/show_ article. php？ id=427，2006-9-27。其正文於2006年9月22日在臺北“中央研究院”歷史語言研究所“第一届古文字與古代史學術研討會”上宣讀。

2006-10-1)[①] 對“鳥”釋爲“烏鴉”的意見提出質疑，認爲其應該指“褐河烏”，並據此認爲《交交鳴鷖（烏）》可能是南方人作的詩。

曹建國《楚簡逸詩〈交交鳴鷖〉考論》（簡帛網，2006-11-26)[②] 認爲“交交鳴鷖”之“鷖”是“鷖”的假借字，是鳳凰之類的鳥。其詩以“鷖”起興比喻君子，與楚人的鳳崇拜有關。該詩爲楚人所作，但受到了《詩經》尤其是《雅》詩的影響。

劉洪濤《上博竹書〈鳴烏〉解釋》（簡帛網，2007-4-24)[③] 對《交交鳴鷖（烏）》詩作了全面整理，包括完整釋文、注釋和大意解說，其中釋文部分藉助圖版，對“戁俤”之“戁”、“戁孅”之“孅”等字形作了比較細緻的論述。文末指出本詩的主題是讚美君子。

王寧《逸詩〈交交鳴烏〉箋釋》（簡帛研究網，2008-8-20)[④] 主要從文義訓釋的角度對《交交鳴鷖（烏）》詩進行整理。文章較爲系統地辨析了馬承源、秦樺林、廖名春、季旭昇、孟蓬生等各家學者的訓釋意見，並在此基礎上提出了一些創見，

---

① 李銳《上博簡〈子羔〉〈交交鳴烏〉札記二則》，簡帛網 http://www.bsm.org.cn/show_article.php?id=430，2006-10-1。

② 曹建國《楚簡逸詩〈交交鳴鷖〉考論》，簡帛網 http://www.bsm.org.cn/show_article.php?id=469，2006-11-26。該文後刊發於《考古與文物》，2010年第5期。

③ 劉洪濤《上博竹書〈鳴烏〉解釋》，簡帛網 http://www.bsm.org.cn/show_article.php?id=553，2007-4-24。

④ 王寧《逸詩〈交交鳴烏〉箋釋》，簡帛研究網 http://www.jianbo.org/admin3/2008/wangning003.htm，2008-8-20。

如訓“尻”爲“臧”等。

何昆益《〈上博（四）〉逸詩〈交交鳴鶩〉析論》（詩經研究叢刊，2011）① 就原詩“交交鳴鶩”、“凱弟君子”、“君子相好，以自爲尻”等爭議較大的詩句進行了辨析和釋義。文章從“交交鳴鶩”句呈現的語法結構及語義分析，認爲“交交”是河鳥相應和之鳴聲，並支持了季旭昇認爲詩中的“凱弟君子”是指王或諸侯的觀點，將“君子相好，以自爲尻”詮釋爲“國君對我們臣民非常照顧愛護，勉勵、責求自己成爲臣民的君長”。

（三）對《多薪》的研究

廖名春《楚簡〈逸詩·多薪〉補釋》（簡帛研究網，2005-2-12）② 考釋了《多薪》詩簡1“兄及弟淇”、“鮮我二人”等疑難，試補了簡2的殘文，並對該詩的比興進行探討，認定其爲楚地之作。

劉樂賢《楚簡〈逸詩·多薪〉補釋一則》（簡帛研究網，2005-2-20）③ 通過分析原簡照片，認爲廖名春《楚簡〈逸詩·多薪〉補釋》中所釋的“淇”，其實是“斯”的誤釋。“斯”在詩中用爲語助詞。

---

① 何昆益《〈上博（四）〉逸詩《〈交交鳴烏〉析論》，《詩經研究叢刊》（第二十輯），學苑出版社，2011年，第41–53頁。

② 廖名春《楚簡〈逸詩·多薪〉補釋》，簡帛研究網 http：//www.jianbo.org/admin 3/2005/liaominchun004.htm，2005-2-12。本文後刊發於《文史哲》2006年第2期。

③ 劉樂賢《楚簡〈逸詩·多薪〉》，簡帛研究網 http：//www.bamboosilk.org/showarticle.asp？articleid=1063，2005-2-20。

劉洪濤《讀〈上海博物館藏戰國楚竹書（四）〉劄記（二）》（簡帛網，2007-1-17）[①] 認爲《多薪》首章殘句應斷句爲"……兄及弟，斯鮮我二人"，並據其形式和内容，認爲該殘句不屬於本詩，而應是另一首詩的末句。

黄敦兵、雷海燕《試論上博簡多薪篇對兄弟倫情的詩意言説》（倫理學研究，2007年11月）[②] 認爲《多薪》表明了作者對家庭倫理的著意重視，以此文脈回視殘簡缺文，提出個人的論説方式，指出了該篇對中國古代倫理學説和儒學詩教的研究價值。

蔡根祥《〈上博（四）〉逸詩〈多薪〉再論》（傳統中國研究集刊·第六輯，上海人民出版社，2009）[③] 根據古籍中對兄弟間的論述，認爲《多薪》首章"鮮我二人"之"鮮"當解做"寡少"，又從詩歌的結構形式、意象層遞取向兩方面，對首章和第三章的缺文提出了補正意見，並就第二章"萑葦"與第四章"松杍"的意象對照作出補充説明。

吕佩珊《〈上博（四）〉逸詩〈多薪〉析論》（詩經研究叢

---

① 劉洪濤《讀〈上海博物館藏戰國楚竹書（四）〉劄記（二）》，簡帛網 http://www.bsm.org.cn/show_article.php?id=505，2007-1-17。

② 黄敦兵、雷海燕《試論上博簡多薪篇對兄弟倫情的詩意言説》，《倫理學研究》2007第11期。

③ 蔡根祥《〈上博（四）〉逸詩〈多薪〉再論》，《傳統中國研究集刊》（第六輯），上海人民出版社，2009年，第19-34頁。

刊，2011)[①] 以諸家文字考釋成果爲基礎，重點分析了《多薪》詩的詩意和詩旨。文章分析了“薪”“藋葦”“松杍”等意象的取意，又對“鮮我二人”之“鮮”和“兄弟”、“同生”、“同父母”等詞語的用法提出了創見。文章認爲詩歌表面是歌頌手足情深，但其中或另含深意，可能是勸諫當時某同姓兩國應棄戰向善。

常佩雨《上博簡逸詩〈多薪〉考論》（河南師範大學學報·哲學社會科學版，2012 年 1 月)[②] 對《多薪》的簡文進行了釋定和缺字增補，並通過分析詩歌的用詞和取興，推測《多薪》是戰國時期楚人模擬《詩經》之作。

吳洋《上博（四）〈多薪〉詩旨及其〈詩經〉學意義》(文學遺產，2013 年第 6 期)[③] 結合《詩經》，對《多薪》詩的字句和修辭特徵進行考察，認爲其詩以“薪”象徵非血緣關係的社會關係，超越了漢代以來的舊說，爲理解《詩經》中《王風·揚之水》和《鄭風·揚之水》兩篇作品提供了嶄新視角，具有啓發意義。

(四) 小結

以上所列對上博簡詩歌文獻進行研究的論著凡 25 種，其中

---

① 呂佩珊《〈上博（四）〉逸詩〈多薪〉析論》，《詩經研究叢刊》（第二十輯），學苑出版社，2011 年，第 54-67 頁。

② 常佩雨《上博簡逸詩〈多薪〉考論》，《河南師範大學學報（哲學社會科學版）》2012 年第 1 期。

③ 吳洋《上博（四）〈多薪〉詩旨及其〈詩經〉學意義》，《文學遺產》2013 年第 6 期。

圖版釋文著録和文字編成果有《上博四》和于智博（2007）2種，單篇論文中對意象和詩旨等進行辨析的有秦樺林（2005）、曹建國（2006）、蔡根祥（2009）、黄敦兵（2007）、常佩雨（2012）和吳洋（2013）等6篇，對抄寫形式和斷句提出意見的有劉洪濤（2007B）1篇，其餘均爲文字釋讀和字詞考釋成果。此外其他相關著作及論文還有：季旭昇主編《上海博物館藏戰國楚竹書（四）讀本》、林碧玲《〈上博（四）逸詩·交交鳴鶩〉研究》、陳思婷《〈上海博物館藏戰國楚竹書（四）·采風曲目、逸詩、内豊、相邦之道〉研究》，等等。因筆者未見其文，在此僅列出名目，待日後補充。

從現有的研究可知，目前對上博簡《交交鳴鶩（烏）》詩的研究，主要在“鶩”、“君子”等意象所指，及“君子相好”、“以自爲厇”、“𨆌𢧵”等語句的訓釋上存在爭議。對《多薪》詩的研究，主要在“兄及弟淇”、“鮮我二人”等句的訓釋和全詩的詩旨上存在分歧。且其中釋讀、考釋等基礎研究成果佔據較大比例，而文學研究等應用性研究成果較爲缺乏。此外，由於此二詩原簡均有不同程度的殘斷，對殘文的試補也是衆家學者比較感興趣的論題。

二、對上博簡辭賦文獻的研究

上博簡中的辭賦文獻有《李頌》《蘭賦》《有皇將起》《鶹鷅》等4篇，其主要研究成果如下：

（一）涉及多篇文獻的研究

馬承源主編《上海博物館藏戰國楚竹書（八）》（上海古籍出版社，2011）① 公佈了《李頌》《蘭賦》《有皇將起》《鶹鷅》四篇文獻的原大圖版、放大圖版和全部釋文，並由曹錦炎先生撰寫了相關簡文的考釋意見。

曹錦炎《上海博物館藏戰國竹書〈楚辭〉》（文物，2010年第2期）② 簡要介紹了上博簡中各篇楚辭類作品的情況（包括《上博七·凡物流形》篇），對各篇作品的命名來由、保存情況、書寫特點、字數、分章、內容特色、主題內涵、語言特點等進行了分析介紹，點明了其對楚辭研究和中國文學史、先秦學術史、先秦思想史等研究的價值。

曹錦炎《楚辭新知》（簡帛網，2011-3-14）③ 通過對上博簡楚辭體文獻的研究，發現在上博簡楚辭作品中，語氣詞"兮"均寫作"可"，推測今本《楚辭》中的"兮"，可能是"可（呵）"傳寫之誤。文章又根據簡文"也"和"只"字形相近，極易發生譌誤的特點，推測楚辭中用作句末語氣詞的"只"，可能就是常用的語氣詞"也"。楚辭中在最後總結全篇要旨的"亂曰"之"亂"，可能是"辭"的譌誤字，"辭"解爲"嗣"，"嗣曰"即隨後之語。

---

① 馬承源主編《上海博物館藏戰國楚竹書（八）》，上海古籍出版社，2011年

② 曹錦炎《上海博物館藏戰國竹書〈楚辭〉》，《文物》2010年第2期。

③ 曹錦炎《楚辭新知》，簡帛網 http://www.bsm.org.cn/show_article.php?id=1413，2011-3-14。

何有祖《上博楚簡釋讀札記》（簡帛網，2011-7-24）[①] 對《蘭賦》簡2“可（何）淵而不沽”句進行釋讀，認爲整理者所釋“淵”字當作“黍”，“沽”讀作“枯”。又對《鶹鷅》簡1“子遺余婁（鶹）栗（鷅）今可（兮）”之“婁”字形作出辨析，認爲簡文“婁”當从“音”，而非从“言”。

鍾碩整理的《網摘:〈上博八〉專輯》（復旦大學出土文獻與古文字研究中心網站，2011-10-1）[②] 是復旦大學出土文獻與古文字研究中心網站定期製作的網摘，内容爲該站2011年7月發佈的《上博八》專題論文的實名評論的整理集合，包括衆學者對復吉讀書會《上博八〈李頌〉校讀》《上博八〈蘭賦〉校讀》《上博八〈有皇將起〉校讀》《上博八〈鶹鷅〉校讀》，以及單育辰《佔畢隨録之十五》等論文的實名評論。

張峰《〈上博八〉考釋三則》（《哈爾濱師範大學社會科學學報》，2011年第6期）[③] 對《有皇將起》簡4的“改”及《李頌》簡1的“倉”的具體含義提出商榷，認爲“改”即“改變”之改，而非整理者所釋的“修”，其字形右側从“乓”，可能是變形音化。文章認爲“倉”字應讀爲“寒”，且據此推測目前所見楚簡材料中並無真正的“寒”字，“寒”所表達的意思

① 何有祖《上博楚簡釋讀札記》，簡帛網 http://www.bsm.org.cn/show_article.php?id=1525，2011-7-24。

② 鍾碩網摘《〈上博八〉專輯》，復旦大學出土文獻與古文字研究中心網站 http://www.gwz.fudan.edu.cn/SrcShow.asp?Src_ID=1674，2011-10-1。

③ 張峰《〈上博八〉考釋三則》，《哈爾濱師範大學社會科學學報》2011年第6期。

在楚簡中均用“倉”及从“倉”之字表示。

王凱博《〈上博八〉文字編》(復旦大學出土文獻與古文字研究中心網站,2012-1-3)① 將《上博八》中出現的典型字形編成文字編,以備學者查考。

湯漳平《出土文獻對宋玉研究的影響》(《中州學刊》,2012年3月)② 指出《上博八》中的楚辭文獻產生於楚辭的興盛期,對辭賦研究具有極高價值,其中《蘭賦》《鷗鶇》等作品,爲研究傳世宋玉賦的真僞問題提供了可信的參照物,對於學者瞭解宋玉及其同時代的其他賦作者的情況,具有重大的意義。

雍宛苡《〈上海博物館藏戰國楚竹書(八)〉通假字的語音現象分析》(復旦大學出土文獻與古文字研究中心網站,2012-4-23)③ 以《上博八》中出現的通假字爲研究對象,從音韻學角度出發,對書中的通假字進行聲、韻、調的分析,總結了其中所反映的上古漢語語音的特點。

雍宛苡、謝小麗《淺析〈上海博物館藏戰國楚竹書(八)〉

① 王凱博《〈上博八〉文字編》,復旦大學出土文獻與古文字研究中心網站 http://www.gwz, fudan.edu.cn/SrcShow_asp? Src_ ID=1765,2012-1-3。

② 湯漳平《出土文獻對宋玉研究的影響》,《中州學刊》2012年第3期。

③ 雍宛苡《〈上海博物館藏戰國楚竹書(八)〉通假字的語音現象分析》,復旦大學出土文獻與古文字研究中心網站 http://www.gwz.fudan.edu.cn/SrcShow.asp? Src_ ID=1851,2012-4-23。

中的聲調通假》（科教導刊，2012 年 5 月中）[①] 利用《上博八》中楚辭文獻等材料，對其中出現的 102 對通假字和 255 次通假現象進行整理統計，並從平、上、去、入四個聲調分别分析，發現《上博八》中平、上、去、入四個聲調間都存在通假現象，同聲調通假都存在音理關係，異聲調通假中僅“平-上”“上-去”間的相互通假存在音理關係，而其餘聲調間的通假都不存在音理聯繫。

雍宛苡《〈上海博物館藏戰國楚竹書（八）〉虛詞初探》（復旦大學出土文獻與古文字研究中心網站，2012-5-13）[②] 對《上博八》中的虛詞，包括副詞、連詞、助詞、介詞和語氣詞進行窮盡性封閉式考察，並總結出其特點，特别指出在《上博八》的楚辭體作品中，其標誌性語氣詞“可（兮）”、“含可（兮）”的用例尤多。

鍾之順《上博簡（八）楚辭類文獻詞類研究——兼與屈原賦比較》（煙臺大學碩士論文，2013）[③] 對《李頌》《蘭賦》《有皇將起》《鶹鷅》四篇楚辭文獻的實詞與虛詞進行了綜合研究，同時將其虛詞與屈原賦的虛詞進行比較，認爲《上博八》楚辭

① 雍宛苡、謝小麗《淺析〈上海博物館藏戰國楚竹書（八）〉中的聲調通假》，《科教導刊》2012 年第 5 期。

② 雍宛苡《〈上海博物館藏戰國楚竹書（八）〉虛詞初探》，復旦大學出土文獻與古文字研究中心網站 http://www.gwz.fudan.edu.cn/SrcShow.asp? Src_ID=1863，2012-5-13。

③ 鍾之順《上博簡（八）楚辭類文獻詞類研究——兼與屈原賦比較》，煙臺大學碩士學位論文，2013 年。

文獻多用連詞“其”，在其他文獻中鮮見；這批文獻中出現了前所未見的語氣詞“今兮”、“也今兮”，是楚辭類文獻強烈文體特徵的表現；其中出現的假設連詞“如”，是具有楚地特色的虛詞。這四篇楚辭文獻詞類數量大，體系完整，用法廣泛，並具有鮮明的地方特色，對研究先秦楚地文獻具有重要價值。

徐尚巧《〈上海博物館藏戰國楚竹書（八）〉集釋》（安徽大學碩士論文，2013）[①] 以集釋的方式系統完整地展示了學界現有的文字考釋成果，並以按語說明了自己的意見。

陳民鎮《上博簡（八）楚辭類作品與楚辭學的新認識——兼論出土文獻與中國古典文學研究的關係》（《邯鄲學院學報》，2013 年 9 月）[②] 指出了《上博八》中楚辭類文獻對先秦兩漢文學史的研究價值，認爲其展現了早期楚辭的面貌，爲認識辭賦的演變提供了新綫索。文章認爲《李頌》歌詠的對象實際上是梧桐，《蘭賦》表現了“幽蘭”的意象，兩首賦均是託物言志，表達了作者所追求的道德理想。而《有皇將起》和《鶹鷅》的關係難於確定，需要進一步研究。

張彩華《上博簡（八）楚辭類作品草木意象初探——以

① 徐尚巧《〈上海博物館藏戰國楚竹書（八）〉集釋》，安徽大學碩士學位論文，2013 年。

② 陳民鎮《上博簡（八）楚辭類作品與楚辭學的新認識——兼論出土文獻與中國古典文學研究的關係》，《邯鄲學院學報》2013 年第 9 期。

〈李頌〉〈蘭賦〉爲中心》（《邯鄲學院學報》，2013 年 9 月）[①]考察了《李頌》《蘭賦》中的草木意象，認爲《李頌》歌詠的對象是梧桐而非李樹，其梧桐的基本意象特徵在篇中已經出現，並在後世得到了傳承。《蘭賦》通過敘寫蘭的堅貞品質，表現了作者追求的人格精神，後世詩文中的幽蘭意象，在篇中已基本定型。

張世磊《上博簡楚辭類作品與屈騷比較探析》（《船山學刊》，2014 年第 2 期）[②] 將《上博八》中的《李頌》《蘭賦》《有皇將起》《鶹鷅》諸篇賦作與屈原作品進行對比，認爲二者從藝術表現形式和內容上看，差異性遠大於相似性。其相似性只在《李頌》和屈原《橘頌》的寫作形式與表現內容等方面有所表現。

吳霞《上博簡楚辭類文獻研究綜述》（《職大學報》，2014 年第 4 期）[③] 對 2010–2014 年期間《上博八》4 篇楚辭類文獻的研究進行了述評，認爲在 2011 年 10 月之前，學界討論的重點是簡文釋讀，且以網絡爲主要平臺，其後討論平臺轉移到紙質書刊，重心由文字釋讀轉向綜合研究及文學史考察。目前上博簡楚辭類文獻的研究主要集中在文字釋讀、文學史研究、語言學

① 張彩華《上博簡（八）楚辭類作品草木意象初探——以〈李頌〉〈蘭賦〉爲中心》，《邯鄲學院學報》2013 年第 9 期。

② 張世磊《上博簡楚辭類作品與屈騷比較探析》，《船山學刊》2014 年第 2 期。

③ 吳霞《上博簡楚辭類文獻研究綜述》，《職大學報》2014 年第 4 期。

研究和與今本《楚辭》對讀方面，在文學史研究、綜合研究方面還有待拓展深入。

日本學者石川三佐男《古代楚王國國策與〈楚辭〉各篇及戰國楚竹書等文獻的關係》（《中國楚辭學》第十九輯，學苑出版社，2013）① 根據對周文王受命樹"梓"的比較和考證，通過對《橘頌》"后皇"、"受命"、"參天地"和《李頌》"官樹"、"鵬鳥"、"木斯獨生榛棘之間可（兮）"等語句的聯繫對比，推斷楚懷王有一對"天命將來樹"——"橘"和"李"，懷王通過對兩樹作頌讚而得到天祐，其頌讚之歌卽一對"天命招來歌本曲"——《橘頌》和《李頌》。

在以上所舉18篇文獻中，除《上博八》外，綜述和目録性質的有曹錦炎（2010）、鍾碩（2011）、吳霞（2014）等3篇；文字編有王凱博（2012）1篇，文字釋讀和詞語考釋的有何有祖（2011）、張峰（2011）、徐尚巧（2013）3篇；詞語研究的有曹錦炎（2011）、雍宛苡（2012C）、鍾之順（2013）等3篇；音韻研究的有雍宛苡（2012A、2012B）2篇；文學研究的有湯漳平（2012）、張彩華（2013）、陳民鎮（2013）、張世磊（2014）等4篇，其中後兩篇是比較研究成果；最後還有文化史研究成果石川三佐男（2013）1篇。

從中可以看到，對上博簡楚辭類文獻的綜合研究中，字詞

① 〔日〕石川三佐男《古代楚王國國策與〈楚辭〉各篇及戰國楚竹書等文獻的關係》，《中國楚辭學》（第十九輯），學苑出版社，2013年，第1–37頁。

考釋方面已比較成熟，出現了綜述和集釋成果。此外語言學、音韻學和文學方面的研究全面展開，民俗文化學研究初露端倪，這說明學界已經開始使用上博簡楚辭類文獻材料來進行相關學科的研究，並取得了一定成績，對這批文獻的研究利用正在不斷深入。

（二）對《李頌》的研究

復吉讀書會《上博八〈李頌〉校讀》（復旦大學出土文獻與古文字研究中心網站，2011-7-17）[①] 對《李頌》進行了重新釋讀。編聯採用整理者意見，按簡 1+簡 1 背+簡 2（即《蘭賦》簡 5 背）的順序編排。文章對簡文的韻部和韻腳進行了整理，並認爲簡文與“李”無關，而是一篇詠桐的小賦。此外，文章從書寫風格分析，認爲簡 2 下半段“氏古”二字至簡末部分的文字，與《吳命》《相邦之道》可能是同一書手所抄。

張峰《由〈上博（八）·李頌〉簡 1 再看楚簡中的“寒”》（簡帛網，2011-7-22）[②] 認爲，《李頌》簡 1“旓冬之耆倉（寒），燥其方落兮”之“旓”應讀爲“晉”，“倉”應讀爲“寒”，並通過對比上博簡《緇衣》和郭店簡《緇衣》的相似字形，認爲楚簡中用倉、滄、蒼表“寒”意是楚簡用字的習慣特點。

---

① 復吉讀書會《上博八〈李頌〉校讀》，復旦大學出土文獻與古文字研究中心網站 http://www.gwz.fudan.edu.cn/SrcShow.asp?Src_ID=1596，2011-7-17。

② 張峰《由〈上博（八）·李頌〉簡 1 再看楚簡中的“寒”》，簡帛網 http://www.bsm.org.cn/show_article.php?id=1523，2011-7-22。

黄浩波《讀上博八〈杍頌〉劄記》（簡帛網，2011-8-23）① 對《李頌》的篇名進行了辨析，並對簡文進行了釋讀。文章以“李”“梓”皆可寫作“杍”，且李、梓二字古音均在之部，認爲“李”實爲古“杍”字，今文作“梓”，《李頌》其實是《杍（梓）頌》。文末將簡文全篇32句分爲5節，逐一對各節内容和意旨進行了敘述和點評。

王寧《〈上博八·李頌〉閑詁》（簡帛網，2011-8-29）② 認爲《李頌》是一篇讚頌桐樹美善之質的辭賦，篇名“李頌”之“李”非用爲樹名，而當用爲“道理”之“理”，即通過讚美桐樹闡明君子應具備之美德的道理。文章還訓釋了“相乎官梪（樹）”“桐且怠可（兮）”“旟冬之旨（祁）寒”“坙（剛）亓（其）不弍”“亂木曾（層）枳（枝），浸毀|可（兮）”和“索（素）府宫李”等疑難語句。

王寧《〈上博八·李頌〉通讀》（簡帛研究網，2011-10-18）③ 對《李頌》全文進行了釋文重訂，對疑難字詞進行了逐條訓解和考釋，分析了簡文的用韻，並給出了寬式隸定的文本。

魯鑫《上博八〈李頌〉綴釋》（復旦大學出土文獻與古文

① 黄浩波《讀上博八〈杍頌〉劄記》，簡帛網 http：//www. bsm. org. cn/show_ article. php? id=1538，2011-8-23。

② 王寧《〈上博八·李頌〉閑詁》，簡帛網 http：//www. bsm. org. cn/show_ article. php? id=1540，2011-8-29。

③ 王寧《〈上博八·李頌〉通讀》，簡帛研究網 http：//www. bamboosilk. org/showarticle. asp? articleid=1929，2011-10-18。

字研究中心網站，2013-6-8)[①] 對《李頌》的名篇問題進行了辨析，認爲“素府宮李”之“李”應讀爲“士”，“素府宮士”即以擬人說法形容桐樹安貧樂道的情操，簡文應改題爲《桐頌》或《桐賦》。文章還對簡文的“亙植速成，卭其不還可”“深利冬豆，夲其不貳可”兩句作出了訓釋。

范常喜《〈上博六·用曰〉劄記三則》(復旦大學出土文獻與古文字研究中心網站，2013-6-24)[②] 將《李頌》簡1背“亂本曾枳（枝），濡（浸）剴（毀）丨（章）可（兮）”中的“丨”字形解爲“章”，並與《上博六·用曰》簡3“丨（章）亓（其）又（有）成悳（德），閟（閉）言自關”句中的“丨”進行了對比。

萬德良、陳民鎮《上博簡〈李頌〉與〈楚辭·橘頌〉比較研究》(《邯鄲學院學報》，2013年9月)[③] 將《李頌》與《橘頌》進行對比，認爲二者在結構、句式、修辭、用韻及思想内涵方面均存在諸多共性。《李頌》的面世說明了《橘頌》創作的早期性，證明了後者並非後人附會所作。

蔡靖泉《上博楚簡〈桐頌〉與屈原〈橘頌〉》(《晉陽學

---

① 魯鑫《上博八〈李頌〉綴釋》，復旦大學出土文獻與古文字研究中心網站 http://www.gwz.fudan.edu.cn/SrcShow.asp?Src_ID=2066，2013-6-24。

② 范常喜《〈上博六·用曰〉劄記三則》，復旦大學出土文獻與古文字研究中心網站 http://www.gwz.fudan.edu.cn/SrcShow.asp?Src_ID=2077，2013-6-24。

③ 萬德良、陳民鎮《上博簡〈李頌〉與〈楚辭·橘頌〉比較研究》，《邯鄲學院學報》2013年第9期。

刊》，2014 年第 4 期）[①] 將上博簡《桐頌》（卽原題《李頌》）篇與屈原《橘頌》進行聯繫對比，認爲簡文與《橘頌》在性質、旨趣、體裁、結構、藝術表現和文字篇幅等方面都頗一致，其作者地位和產生時代也與《橘頌》大致相當。但二者在形式上有樸雅之別，境界上有低高之分。

除以上所列外，對《李頌》篇進行研究的，還有蘇建洲《楚文字論集》（臺灣萬卷樓圖書公司，2011），其中收録有 3 篇論文：《〈李頌〉簡 1 字詞別釋》《〈李頌〉簡 1 背“蓉”字補議》及《〈李頌〉“願歲之啟時，使吾樹秀”補証》，因筆者未見其書，故存目待補。

以上詳述的 9 篇文獻中，有 5 篇是對《李頌》進行字詞考釋和文意訓解的。其餘 4 篇中，張峰（2011）、范常喜（2013）2 篇利用《李頌》的文字材料解決相關出土文獻的其他問題；萬德良（2013）、蔡靖泉（2014）則是將《李頌》與屈原《橘頌》進行比較研究。這說明對《李頌》的基礎研究已經比較充分和深入，學界開始將目光轉向利用《李頌》材料進行其他學科的研究。此外，在與傳世文獻的對讀比較方面，《李頌》還具有較大的研究價值。

（三）對《蘭賦》的研究

復吉讀書會《上博八〈蘭賦〉校讀》（復旦大學出土文獻

① 蔡靖泉《上博楚簡〈桐頌〉與屈原〈橘頌〉》，《晉陽學刊》2014 年第 4 期。

與古文字研究中心網站，2011-7-17)[①] 對《蘭賦》進行了釋文校訂和字詞釋讀，對整理者釋文不確之處作出了補正意見。在簡文編聯方面，文章推測原文簡 2 可與簡 4、簡 5 進行編聯，而尚不能肯定簡 3 所屬。在押韻方面，文章發現簡文押韻情況較複雜，有連句押韻、隔單句押韻、隔多句押韻等多種形式，所押韻部有冬部、陽部、鐸部、月部、宵部等。

單育辰《佔畢隨録之十五》（復旦大學出土文獻與古文字研究中心網站，2011-7-22)[②] 針對《蘭賦》簡 2 和簡 4-5 撰寫了 2 條劄記，認爲簡 2 中"緩哉蘭兮"之"緩"應讀爲"遠"，指蘭香氣所傳達之處；簡 4-5 中"信蘭其穫也"之"穫"應讀爲"邁"，形容蘭品質之高邁。

曹方向《上博八〈蘭賦〉"芳馨謐謐"試解》（簡帛網，2011-7-26)[③] 一文，主要是在《蘭賦》釋文及復吉讀書會校讀意見發表後，針對網站論壇上各家學者關於"芳盈訛迡"句的討論意見進行梳理辨析，提出可以將該句釋爲"芳馨謐謐"或"芳盈密邇"，並舉傳世書證對前者進行了論述。

① 復吉讀書會《上博八〈蘭賦〉校讀》，復旦大學出土文獻與古文字研究中心網站 http://www.gwz.fudan.edu.cn/SrcShow.asp?Src_ID=1597，2011-7-17。

② 單育辰《佔畢隨録之十五》，復旦大學出土文獻與古文字研究中心網站 http://www.gwz.fudan.edu.cn/SrcShow.asp?Src_ID=1606，2011-7-22。

③ 曹方向《上博八〈蘭賦〉"芳馨謐謐"試解》，簡帛網 http://www.bsm.org.cn/show_article.php?id=1528，2011-7-26。

曹方向《讀上博簡第八冊瑣記》(簡帛網，2011-8-22)[①]認爲《蘭賦》簡2之“芳盈訛迟”當讀爲“芳盈密邇”，旨在讚美蘭之芬芳，並舉《楚辭·九歌·思美人》書例證之。又以爲“緩哉蘭兮”之“緩”當讀“選”，謂“出衆”意。

高佑仁《上博八〈蘭賦〉二題》(簡帛網，2011-9-5)[②]首先通過對照圖版，確定原簡2“芳”字下有重文符號，又根據原簡編聯特點和原文句法，認爲“攸落而猷不失厥芳”句前應補兩字。然後對簡5“身體駐害”提出釋讀意見，認爲其應讀作“身體重靜”，卽身體的保養着重安靜平和。

黄浩波《上博八〈蘭賦〉“容則”試解》(簡帛網，2011-9-9)[③]對《蘭賦》“蓉惻柬（簡）牄（逸）而莫之能叁矣”一句之“蓉惻”進行辨析，認爲可將其讀爲“容則”，容卽儀容、容貌，則卽法則、法度，“容則”可訓爲“儀容法則、姿態風度”。

陳民鎮《上博簡〈蘭賦〉與〈楚辭〉所見“未沬（沫）”合證》(《職大學報》，2013年第2期)[④]認爲《蘭賦》中整理

---

① 曹方向《讀上博簡第八冊瑣記》，簡帛網 http://www.bsm.org.cn/show_article.php?id=1537，2011-8-22。

② 高佑仁《上博八〈蘭賦〉二題》，簡帛網 http://www.bsm.org.cn/show_article.php?id=1542，2011-9-5。

③ 黄浩波《上博八〈蘭賦〉“容則”試解》，簡帛網 http://www.bsm.org.cn/show_article.php?id=1544，2011-9-9。

④ 陳民鎮《上博簡〈蘭賦〉與〈楚辭〉所見“未沬（沫）”合證》，《職大學報》2013年第2期。

者釋作"栽"的字當隸作"穖"，讀作"沬"，指植物芬芳之盡。由此進一步說明《離騷》《招魂》詩句中的"沬"和"沬"應以"未沬"爲準。

關於《蘭賦》的研究文章，還有陳美蘭《說幽——兼談〈蘭賦〉"幽中"》(《中國文字》新三十七期，臺灣藝文印書館，2012）等。受到《蘭賦》本身的內容篇幅限制，目前對《蘭賦》的研究主要集中在詞句訓釋方面，在其他領域的研究尚未完全展開。

（四）對《有皇將起》的研究

復吉讀書會《上博八〈有皇將起〉校讀》（復旦大學出土文獻與古文字研究中心網站，2011-7-17)① 在整理者釋文及考釋的基礎上對釋文作了進一步考訂，指出《有皇將起》以之部韻始，兩句一韻，有換韻，且多用與之部和魚部相近的韻字。文章發表後，各家學者以跟帖形式發表了諸多補充意見。

黃傑《上博簡〈有皇將起〉編聯一則》(簡帛網，2011-7-19)② 通過對照圖版，認爲《有皇將起》簡5當綴連於簡3之下，拼合後連接處作一"若"字，完整文句爲"慮（慮）余子丌（其）速倀（長）若余子力今可（兮)"，意爲：希望我的兒

---

① 復吉讀書會《上博八〈有皇將起〉校讀》，復旦大學出土文獻與古文字研究中心網站 http://www.gwz.fudan.edu.cn/SrcShow.asp?Src_ID=1598，2011-7-17。

② 黃傑《上博簡〈有皇將起〉編聯一則》，簡帛網 http://www.bsm.org.cn/show_article.php?id=1515，2011-7-19。

子快快長大，並且強大有力。

張峰《〈上博（八）·有皇將起〉讀書筆記》（簡帛網，2011-7-24）① 綜合分析了各家觀點，認爲簡文“何𠂤成夫今兮”之“𠂤”當釋爲“幾”，訓爲“期”，表時間。

子居《上博八〈有皇將起〉再編連》（孔子2000網-“清華大學簡帛研究”專欄，2011-7-24）② 對《有皇將起》篇作了完整的重新編聯，並且將《鶹鷅》二簡綴連於《有皇將起》全文之末，認爲《有皇將起》體現了一位希望找到好老師以使孩子良好成長的父親，在尋師不得的情況下，孩子因貪戀榮華不願勞作，最終離他而去的悲感。

何昆益、呂佩珊《“可”字在〈上博〉簡的用法與詮釋》（《邯鄲學院學報》，2014年6月）③ 利用《有皇將起》的語言材料，發現“可”在上博簡中通假爲“兮”，作語氣詞用。“兮”从丂得聲，古音屬溪母歌部，與“可”音近通假。同時文章指出，《楚辭》中的“兮”當讀爲歌部字，才符合當時的語音狀況。

關於《有皇將起》的研究論文還有：程少軒《上博八〈鶹

① 張峰《〈上博（八）·有皇將起〉讀書筆記》，簡帛網 http：//www. bsm. org. cn/show_ article. php？ id=1526，2011-7-24。

② 子居《上博八〈有皇將起〉再編連》，孔子2000網-“清華大學簡帛研究”專欄 http：//www. confucius2000. com/admin/list. asp？ id=4993，2011-7-24。

③ 何昆益、呂佩珊《“可”字在〈上博〉簡的用法與詮釋》，《邯鄲學院學報》2014年第6期。

鷃〉與〈有皇將起〉編冊小議》（中國古文字研究會第19屆年會論文，2012）[①]，郈尚白《上博楚竹書〈有皇將起〉新探》（“出土文獻的語境”國際學術研討會暨第三屆出土文獻青年學者論壇論文，2014）。由目前的研究狀況看，在簡文編聯方面，整理者與後續研究者的分歧較大，爭議較多。有學者傾向於將《有皇將起》和《鶹鷅》兩篇綴連成一篇文章進行研究。由於簡文殘斷過多，影響了學者的深入探討，目前該篇在文字釋讀領域以外的研究成果並不多見。

（五）對《鶹鷅》的研究

復吉讀書會《上博八〈鶹鷅〉校讀》（復旦大學出土文獻與古文字研究中心網站，2011-7-17）[②] 在整理者釋文基礎上對釋文進行重新考訂，認爲該篇篇幅不長，可能僅有二簡，類似《詩經》中一些篇目的重章疊唱。《鶹鷅》篇所押的韻部有魚部、之部及與之部相近的質、微等部。

黄人二、趙思木《讀〈上海博物館藏戰國楚竹書（八）·鶹鷅〉書後》（簡帛網，2011-7-18）[③] 在整理者基礎上，對簡文“”“”“”等字形的隸定，以及“含可”、“舍舍”

① 其文後刊發於中國文字編輯委員會編《中國文字》（新三十八期），臺灣藝文印書館，2012年。

② 復吉讀書會《上博八〈鶹鷅〉校讀》，復旦大學出土文獻與古文字研究中心網站 http://www.gwz.fudan.edu.cn/SrcShow.asp?Src_ID=1599，2011-7-17。

③ 黄人二、趙思木《讀〈上海博物館藏戰國楚竹書（八）·鶹鷅〉書後》，簡帛網 http://www.bsm.org.cn/show_article.php?id=1508，2011-7-18。

等詞語的釋讀提出了修改意見，最後給出了全篇的重訂釋文。

此外《鶹鷅》篇的相關研究文章還有：吳洋《〈上博（八）·鶹鷅〉與〈詩經·邶風·旄丘〉》（《出土文獻研究》第十一輯，中華書局，2012），黄人二、趙思木《〈上海博物館藏戰國楚竹書（八）·鶹鷅〉集釋》（《古文字研究》第三十輯，中華書局，2014），等等。因筆者未見其文，暫存目待補。

（六）小結

從各篇文獻的研究熱點來看，《李頌》的研究熱點在於簡文的定名、篇末點評文字的性質判定、“素府宮李”、“奎其不弍”、“浸毁丨可”等疑難語句的訓釋，以及與《楚辭·九章·橘頌》的對比研究。《蘭賦》的研究熱點在於“芳盈訛迡”、“信蘭其穖也”、“身體貾害”等疑難語句的訓釋。《有皇將起》的研究熱點在於簡序調整、斷簡綴合、該篇與《鶹鷅》的關係，以及句末語氣詞“含可”的研究。《鶹鷅》的研究熱點在於其與《有皇將起》的聯繫，以及“”“”“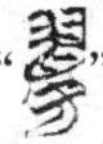”等疑難字的辨析。

相對於上博簡詩歌文獻的研究來説，目前對上博簡辭賦文獻進行研究的成果更爲豐富，這主要是因爲上博簡辭賦文獻的數量較多，且内容涵蓋面廣，可研究的問題也比較多。在目前的相關研究中，仍然以字詞訓釋的劄記散篇爲主，但也出現了少量的綜述和集釋成果，還有一些學者已經開始利用上博簡辭賦文獻材料進行文學史研究和與傳世文獻的對比研究，這表明對上博簡辭賦文獻的研究已經走向深入。

三、上博簡詩賦文獻研究現狀評價

根據上文的介紹，我們可以從以下五個方面對上博簡詩賦文獻的研究現狀進行評價：

第一，從總體的研究結果和趨勢來看，對於上博簡中的詩賦文獻，學界已經有了廣泛深入的研究，在所涉及的學科領域中都取得了不少成果。憑藉目前的研究，許多問題已經得到解決，但也有一些問題，如各篇中疑難字詞的訓釋、《有皇將起》《鶹鷅》的簡序編聯等，學界尚未形成統一意見。此外還有一些困擾學者已久的問題，如今本《詩經》的成書和流傳、今本《楚辭》各篇的形成年代等，因上博簡詩賦文獻的發現和研究而有了嶄新的視角，這是一個可喜的變化。並且，學界目前的研究重點已經從基礎的文本釋讀領域，轉向與之相關聯的語言文字學、文學、歷史學等領域，對這些材料的研究和探討還在不斷升溫。

第二，從研究成果的數量來看，就研究角度而言，在文本釋讀方面的成就尤其顯著，研究成果最多，且出現了成熟的集釋性成果。在詩經學、楚辭學等關係較近的領域中也所獲頗豐。然而對於這些材料中所反映出的戰國時期楚地詩賦文學的發展狀況，至今仍缺乏系統全面的描寫，對這些材料在音樂學、歷史學、民俗文化學等領域的利用也略嫌不足。就研究範圍而言，目前學界已經有了大量針對單篇文獻材料的研究論著，也不乏綜合性、通論性的著作，但仍然缺少斷代分域的、專題性的研究成果，這是研究者今後可以努力的方向。

第三，從研究成果在各領域的分佈來看，目前對上博簡詩賦文獻的研究，在各個方向上的發展並不平衡。首先，絕大部分學者致力於文字釋讀與詞語考辨等基礎研究，對文獻的思想內容、文化蘊涵及其他關聯領域的挖掘還不夠深入，缺少應用性的、將這些材料利用於其他學科研究的成果。再者，在文字學、語言學、文獻學、文學和歷史學方面的研究成果較多，而在音樂學、民俗學、文化學等領域的研究成果較少。這既是由於受到材料本身形式內容的限制，相關學者不能及時參與到對這批材料的研究中來；也是由於各學者局限在各自的領域之中，學術視野還不夠開闊，對新材料的關注和利用不足所致。這就需要各領域的學者們加強交流、互通有無，以便更加充分地發揮新材料的價值和作用。

第四，從研究成果的發表途徑來看，近年來對上博簡詩賦文獻的研究，呈現出傳統紙質媒體和網絡媒體並重的特點。學者大多通過方便快捷的網絡平臺，先行發佈自己的初步研究成果，然後經過論壇回帖、郵件答復等交流，逐漸完善自己的觀點，再將修改好的文章在學術報刊等紙質媒介上正式刊發。與傳統的發表模式相比，當今利用新媒體發表學術成果，顯然更加有利於新成果的迅速傳播和學者間的溝通交流，但是也造成了信息的爆炸和氾濫，增加了研究者蒐集、甄別資料的難度。

第五，從研究成果的呈現形式來看，現階段的研究成果多以零札、筆記式的網帖或單篇論文的形式發表，綜述性、集合性的論著極少。尤其是文本釋讀方面的成果，衆家學者的觀點散見於學術網站、網絡論壇和各種學術報刊之中，材料呈散點式、片段式的零星分佈，只能依賴各個網站配備的搜索引擎分别進行檢索，缺乏一個跨網絡的集成性的資料數據庫。這導致學者必須在資料排檢上耗費大量的時間，不利於前期成果的統籌和綜合利用。

總而言之，對上博簡詩賦文獻的基礎性研究已經比較成熟，當前有必要對前一階段的研究成果進行一次全面性、系統性的整理，從而爲後續的深入研究提供方便；而對這批材料在相關領域的應用性研究已經初見成效，還有待學者進一步的努力。

以楚簡校讀傳世文獻三則

岳曉峰*

摘　要:《詩經·魯頌·閟宫》"敦商之旅"中"敦"當訓"屯聚"義。《管子·正》"明之毋徑"中"徑"或爲"淫"之訛，訓"過度"、"無節制"義。《孟子·滕文公上》"排淮泗"之"排"應以訓"疏通"義更合理。

關鍵詞:楚簡;校讀;《詩經》;《管子》;《孟子》

(一)

《詩經·魯頌·閟宫》云:"敦商之旅，克咸厥功。"關於"敦"字釋義，歷來爭議頗多，大體有如下四種:其一，"敦"訓治理。鄭玄箋云:"敦，治。旅，衆。咸，同也。武王克殷而

* 岳曉峰，浙江大學人文學院 博士後 杭州 310058。本文爲教育部人文社会科學重点研究基地重大项目《今训匯纂(战国秦汉出土文献卷)》階段性成果。

治商之臣民，使得其所，能同功績於先祖也。"[①] 此說影響最大。其二，"敦" 訓厚。陸德明《釋文》云："王、徐都門反。厚也。"[②] 其三，"敦" 訓逼迫。林義光云："敦猶逼迫也。"[③] 其四，"敦" 訓聚集。馬瑞辰認爲 "敦" 當讀爲 "屯"，訓作 "屯聚" 之義[④]。以上諸說似皆有理，不過我們認爲 "敦" 當訓 "攻伐" 更爲合理。

清華簡（伍）《封許之命》簡 3 云："亦隹（惟）女（汝）呂丁旟（扞）補（輔）珷（武王），攼（干）敦殷受，咸成商邑。""殷受" 即商紂。呂丁爲許國始封之君，曾輔佐武王討伐商紂。其中 "攼（干）敦殷受，咸成商邑"，整理者云 "干，《說文》：'犯也。' 敦，殷墟卜辭作 '𦎧'，有攻伐之義"。"咸"，整理者釋爲悉，而將 "成"，訓爲定[⑤]。對於整理者的訓釋，學者主要爭議在 "攼" 之釋義上。或認爲此字不妨視作从干爲義符，从攴爲聲符。干旁字表征討；或認爲 "攼" 疑可讀爲 "刊"，訓爲 "削、㓹"；或認爲 "攼" 應讀爲 "翦（或

---

① 阮元校刻《十三經注疏 · 毛詩正義》（清嘉慶刊本），中華書局，2009 年，頁 1327。

② 阮元校刻《十三經注疏 · 毛詩正義》（清嘉慶刊本），中華書局，2009 年，頁 1327。

③ 林義光《詩經通解》，中西書局，2012 年，頁 424。

④ 馬瑞辰《毛詩傳箋通釋》，中華書局，1989 年，頁 1141。

⑤ 李學勤主編《清華大學藏戰國竹書（伍）》，中西書局，2015 年，頁 120。

踐)"[①]。我們認爲整理者之説可從。"攼"當爲"干"字繁構,贅加"攵"旁與其表動作義有關。"干"訓爲"犯","犯"有進攻義。"敦"訓敦伐,與"攼(干)"爲同義連文。簡文的意思即謂吕丁輔佐武王攻伐商紂,全部平定了商邑。

"攼(干)敦殷受,咸成商邑"文意又剛好可與"敦商之旅,克咸厥功"相對照。簡文言吕丁輔佐武王攻伐商紂,平定商邑。而《閟宫》亦當言武王攻伐"商之旅",能成其功業,字面雖異,然敘武王攻商之意則大致相同。可見《閟宫》之"敦"亦當如簡文以訓"敦伐"爲妥。金文中屢見"𦎫伐"連用,"𦎫伐"即"敦伐","敦"有攻伐義[②]。"旅"也並非如鄭箋訓"衆",而當以訓"軍隊"更恰當。"克咸厥功"也當與"咸成商邑"之平定商邑意思相同,而非"能同功績於先祖"。馬瑞辰即以"悉"、"皆"訓"咸",並云:"'克咸厥功'猶云克備厥功,亦即克成厥功也。"[③]

(二)

《管子·正》云:"令之以終其欲,明之毋徑。遏之以絕其

① 侯建科《清華簡五〈封許之命〉篇集釋》,復旦大學出土文獻與古文字研究中心網站,2015年7月3日。

② 吴振武《趙鈹銘文"伐器"解》,《訓詁論叢》第三輯,文史哲出版社,1997年,頁800-801。

③ 馬瑞辰《毛詩傳箋通釋》,中華書局,1989年,頁1141-1142。

志意，毋使民幸。”其中“明之毋徑”，劉績認爲當作“毋使民徑”[①]，王念孫進一步指出：“與下‘毋使民幸’文同一例。今本‘毋’上衍‘明之’二字，‘毋’下又脱‘使民’二字。”[②]劉、王此説頗可信。然“徑”，尹知章注爲“邪徑”，諸家多從此説[③]。我們認爲，“徑”或爲“淫”之訛，訓過度、無節制。

楚文字中“巠”常與“淫”之右旁形近訛混，如郭店簡《緇衣》簡6：“故君民者，章好以視民欲，謹惡以御民涇，則民不惑。”“涇”，實爲“淫”字之誤，上博簡（一）《緇衣》簡4及今本皆爲“淫”。另上博簡（六）《景公虐》簡12“神見吾逕暴”，董珊云：“‘逕暴’之‘逕’是‘淫’的誤字，‘淫暴’乃古書常見之詞。‘巠’、‘淫’與‘涅’三字互訛，在古書、古文字資料中都很常見。”其文又云《漢書·地理志》西河郡屬縣“徒經”，“經”字爲“淫”之誤，如三年呂不韋矛，三年上郡殘戈内及張家山247號漢墓竹簡《二年律令·秩律》452簡皆作“徒淫”。且《後漢書·西羌傳》等引“徒經”又作“徒涇”[④]。因此《正》篇中的“徑”乃“淫”之訛誤，在字形上是

---

① 本則所引劉注、尹注及陶注分别見黎翔鳳《管子校注》，中華書局，2004年，頁894、893、894—895。《管子校注》原題房玄齡注。

② 王念孫《讀書雜志·管子第八》，江蘇古籍出版社，2000年，頁479。

③ 王念孫引《廣雅·釋詁二》“徑，邪也”訓之。

④ 董珊《讀〈上博藏戰國楚竹書（六）〉雜記》，《簡帛文獻考釋論叢》，上海古籍出版社，2014年，頁74。《二年律令·秩律》452簡釋文，董珊在其隨文注中云：“見《張家山漢墓竹簡［二四七號墓］》圖版44頁，文物出版社，2001年。該書196頁釋文誤釋‘徒涅’，注釋已懷疑是西河郡屬縣‘徒經’。”

可以講通的。

王念孫認爲："'終'當爲'絕'，字之誤也。"① 而陶鴻慶云："'終'當作'給'，以草書相似而誤。"並訓"給"爲"足"。于省吾則認爲"終"非"絕"字之誤，當訓"已"。且"'已'與'絕'義相因，此言令之以終止其欲也"。並引《左傳·僖公二十四年》"傳""婦怨無終"，杜注"終猶已也"以證之②。于氏之說可從。故"令之以終其欲，毋使民淫"，即"令民止其意欲，毋使過度"。另《管子·四時》即云"其事號令，毋使民淫暴，順旅聚收"，此句文意正可與《正》篇之文相對照。

（三）

《孟子·滕文公上》："禹疏九河，瀹濟漯而注諸海；決汝漢，排淮泗而注之江，然後中國可得而食也。"趙岐注曰："疏，通也。瀹，治也。排，壅也。"③ 其中"排"有兩種訓釋：一種支持趙岐注，認爲"排"應訓作"壅"，壅塞之義。如《孟子正義》焦循云："淮将南溢，蔽塞其南以拒之，壅即抵之推之使

① 王念孫《讀書雜志·管子第八》，江蘇古籍出版社，2000 年，頁 479。

② 于省吾《雙劍誃諸子新證·雙劍誃管子新證卷二》，中華書局，2009 年，頁 128。

③ 焦循《孟子正義》，中華書局，1987 年，頁 377。

东去也。"[①] 且焦氏《正義》還引清人孫蘭《輿地隅說》之語曰："若禹不築堰，則（淮）下流散漫，何以入海?"另一種觀點則認爲"排"應訓作疏通，如朱熹云："决、排，皆去其壅塞也。"[②] 楊伯峻《孟子譯注》亦云"疏通淮水、泗水，引导流入长江"[③]。我們認爲，"排"訓爲"疏通"更合理。

就傳世文獻而言，《孟子·滕文公下》："禹掘地而注之海，驅蛇龍而放之菹。水由地中行，江、淮、河、漢是也。"朱熹注："掘地，掘去壅塞也。"[④] 所謂"江、淮、河、漢"等由地中行，即掘地疏導而使之經河道入海。《尚書·禹貢》："（禹）導淮自桐柏，東會于泗沂，東入于海。"《史記·夏本紀》引《禹貢》之文，改"導"作"道"。"道"、"導"古今字，皆爲疏導義。如上博簡（九）《舉治王天下》簡31"百川皆道"，即百川皆被疏導之義。"掘地"、"道（導）淮"均可證"排淮泗"應以訓疏通淮泗爲妥。

另外，出土文獻也爲我們提供了新證據。上博簡（二）《容成氏》簡25云"禹通淮與沂，東注之海"，内容正好與《滕文公上》相對應。簡文"淮與沂"，整理者李零先生認爲即"淮水和沂水"[⑤]。《周禮·職方氏》云"正東曰青州……其川淮、泗，

① 焦循《孟子正義》，中華書局，1987年，頁381–382。
② 朱熹《四書章句集注》，中華書局，1983年，頁259。
③ 楊伯峻《孟子譯注》，中華書局，1960年，頁128。
④ 朱熹《四書章句集注》，中華書局，1983年，頁271。
⑤ 馬承源主編《上海博物館藏戰國楚竹書（二）》，上海古籍出版社，2002年，頁269。

其浸沂、沭”，“泗”、“沂”二水地理位置相近，故文獻中或淮泗連用，或淮沂連用，區别不大。因此，“排淮泗”和“通淮與沂”應爲同一事，不過記載略異而已。所以，“排”和“通”意義相同。該處簡文的“通”釋爲“疏通”，那麽“排淮泗”也應訓爲疏通淮水和泗水。

《清華簡》標點符號初探

馬 驥*

摘要： 作為秦火之前的寫本文獻，《清華簡》具有重要的文獻學價值。本文先從形體的角度將其中標點符號分為雙短橫號、小短橫號、墨丁號、鈎識號和粗墨道號五種。次以援例分析的方式考察不同形體標點符號的作用。最後，以圖表分析的形式作小結，以展現《清華簡》標點符號的使用情況。

關鍵詞： 清華簡；標點符號；形體；作用

"清華簡"，作為清華大學所藏戰國竹簡的簡稱，已為學界熟知。這批竹簡是秦"焚書"以前的寫本書籍，所載內容為後世所謂經、史之類。其出土地點和出土時間皆不詳。通過趙偉國先生的搶救性購買，清華大學於 2008 年 7 月 15 日正式入藏了這一批竹簡。2011 年 1 月至 2014 年 1 月，《清華大學藏戰國竹

* 馬驥，西南大學漢語言文獻研究所 研究生 重慶 400715；成都市新都區東湖初級中學 教師 成都 610501。

簡》(以下簡稱《清華簡》)一至四冊由清華大學出土文獻研究與保護中心整理，中西書局出版。《清華大學藏戰國竹簡(壹)》(以下簡稱《清華(壹)》)的篇目有:《尹至》《尹誥》《程寤》《保訓》《耆夜》《金縢》《皇門》《祭公》、《楚居》。《清華大學藏戰國竹簡(貳)》(以下簡稱《清華(貳)》)的篇目有:《繫年》。《清華大學藏戰國竹簡(叁)》(以下簡稱《清華(叁)》)的篇目有:《說命上》《說命中》《說命下》《周公之琴舞》《芮良夫毖》《良臣》《祝辭》《赤之集湯之屋》。《清華大學藏戰國竹簡(肆)》(以下簡稱《清華(肆)》)的篇目有:《筮法》《別卦》《算表》。

所謂“《清華簡》標點符號”，指的是《清華大學藏戰國竹簡》中出現的非文字性符號(除卦畫以外)。按作用劃分，包括重文號、合文號、句讀號、分章號、分篇號五種。

1919年4月，馬裕藻、周作人、朱希祖、劉復、錢玄同、胡適等人聯名向“國語統一籌備會第一次大會”提出了《請頒行新式標點符號議案》。議案對標點符號的含義作了闡釋。指出標點符號有兩種：一是“點”的符號，二是“標”的符號。“點”是點斷的意思，點斷文句，使人明白句中各個部分在文法上的關係。“標”是標記，用來標記詞句性質或種類。中華人民共和國《標點符號用法》規定“標點符號是輔助文字記錄語言的符號，是書面語的組成部分，用來表示停頓、語氣以及詞語的性質和作用”①。這是對標點符號定義的簡明闡釋。對於標點符號的定義，本文認同這一說法。其所謂“‘標’的符號”與“‘點’的符號”，實際也是按標點符號的作用來分的。

本文主要從形體度對《清華簡》中的標點符號進行考察，希望能為戰國楚簡標點符號研究提供一點材料。為便於排版，本文主要採用寬式釋文。通假字一般以本字列出。討論合文時，為了説明分類標準、展現合文的形體結構，這部分釋文仍與簡文保持一致。

從形體角度看，清華簡中的標點符號主要有“＝”、“–”、“▬”、“∠”、“■”五種。

(一)＝

雙短橫號。《清華簡》中，雙短橫號凡350見。其書寫位置一般是在上一字的下方偏右。約佔一個字的三分之一或二分之一大小。有時也位於一字的右下角，與文字一起共佔一字的位置。同其他標點符號不同，雙短橫號通常隨文字出現，與文字的關係比較緊密。

一般我們分析簡帛材料中的合文或重文時，是將雙短橫號與其所依附的文字視為一個整體的。例如合文“夫＝”“孔＝”“≩＝”，以及重文“齊＝”“反＝”“男＝”等。

1. 標示重文

① 該標準於1995年12月13日發佈，1996年6月1日起實施。

雙短橫號作為重文號，它與文字的位置比之合文號則較為複雜。重文號是在需要重讀的文字之旁施加的符號，形體為兩條短橫線。其位置一般是在需要重讀的文字下方偏右。不過，也有例外，例如重文“賽=”，簡文作（《清華（貳）·繫年》23），重文“悳=”簡文作（《清華（叁）·周公之琴舞》15）。其中的雙短橫號皆標在文字的右下角，並未與文字截然分開。雙短橫號是重文號比較規範的寫法，某些重文之下的符號並不是規則的兩條短橫。例如“楚=”，簡文就寫作（《清華（貳）·繫年》130）。其下的重文號形似兩斜點。

從重文號的符號位置及形體可以看出，清華簡作為戰國時期的寫本文獻，其中標點符號在位置和形體上皆呈現出不規範性的特點。

“雙短橫號”是從符號的形體來命名的，學界也有稱之為“二短橫號”的①。

要做到以正確的順序閱讀重文，準確理解其文義，首要的任務就是探究書寫者構建重文的書寫規則。重文的使用體現了春秋戰國時期書面表達與口語的差異。探究重文號所指示的構詞、結句的規則，有助於還原和領會簡文的意義、語氣，以及

① 袁暉主編《標點符號詞典》（修訂本），書海出版社，2000年，頁4。該書初版由山西人民出版社於1994年出版。管錫華《中國古代標點符號發展史》，巴蜀書社，2002年，頁40。

感情色彩。只有將文字與符號結合起來考察，這種特殊的行文規則才會發揮其真正的功用。儘管重文號在書寫過程中已由抄寫者隨文字標出，但我們認為，這種符號的主要意義在於引導讀者將所指示的内容分開閲讀，而不僅僅是“表示重文”。

《清華簡》中的重文例有不少，一般在重文處標示雙短横號，以示重讀。例如：

(1) 惟尹自夏徂白（亳），遝至在湯=（湯。湯）曰：“格！汝其有吉志。”（《清華（壹）·尹至》1）

(2) 惟尹既及湯咸有一德，尹念天之敗西邑夏，曰：“夏自絕其有民，亦惟厥衆，非民無與守邑。厥辟作怨于民=（民，民）復之用離心，我翦滅夏。今后曷不監?”（《清華（壹）·尹誥》1–2）

(3) 王夜爵酬畢公，作歌一終曰藥=脂=酉=（《藥（樂）藥（樂）脂（旨）酉（酒）》：“藥（樂）藥（樂）脂（旨）酉（酒）），宴以二公。紝夷兄弟，庶民和同。方壯方武，穆穆克邦。嘉爵速飲，後爵乃從。”（《清華（壹）·耆夜》3）

(4) 闔廬入郢，焉復徙居秦=溪=之=上=（秦（乾）溪之上，秦（乾）溪之上）復徙襲美郢。（《清華（壹）·楚居》12–13）

2. 標示合文

雙短横號作為合文號，在《清華簡》中凡175見。其形體為兩條短横線。其位置一般處在合文的下方偏右。一部分合文號與文字融為整體。例如合文“卒=”，簡文作（《清華

(肆)·算表》1)。把文字和符號看作一個整體，原來為上下結構的合文“卒”，已不再是上下結構。在位置關係上，合文與合文號也較為緊密。一般情況下，這種數字合文之下皆標示合文號。且如以上用例一樣，符號與合文的位置較為緊密。類似的例子，在清華簡中還有“手”、“罕”、“乎”、“丰”、“仐”、“卆”。雙短横號在形體上也呈現出不規範性。例如“手=”簡文寫作(《清華(貳)·繫年》2)。合文之下的重文號不是規則的兩條短横，而是傾斜的兩斜點。其位置也不是處在合文的下方，而是在右下角處。

由以上用例可以看出，《清華簡》中的合文符號不完全是規則的兩條短横，但這並不影響我們對合文號的判別。總體而言，《清華簡》的文字與其他楚簡相比，在書寫上是較為工整的。從這一點來看，與文字關係較為緊密的合文號在形體上與其他楚簡相比是更具規範性的。《清華簡》中的大多數合文號的形體為規則的雙短横號。例如：

(1)后！我來越今昀=(旬日)。(《清華(壹)·尹至》1)

(2)惟王元祀正月既生霸，大姒夢見商廷唯棘，乃尖=(小子)發取周廷梓樹于厥外，化爲松柏棫柞。(《清華(壹)·程寤》1)

(3)文王爲客於息，蔡侯與從，息侯以文王歓=(歓酒)，蔡侯知息侯之誘己也，亦告文王曰：“息侯之妻甚美，君

必命見之。”（《清華（貳）·繫年》26–27）

(4) 康王即世，乳=（孺子）王即位。靈王爲令尹，令尹會趙文子及諸侯之大夫，盟于虢。（《清華（貳）·繫年》97–98）

(5) 說乃曰：“惟帝以余畀尔，尔左執朕袂，尔右䭫=（稽首）。”（《清華（叁）·說命上》4）

(6) 淆乃父之不⿰爿死=（葬死）。（《清華（肆）·筮法》43）

（二）_

小短横號。從目前已出土的先秦文獻來看，小短横號在先秦時期的文獻中使用最為普遍。在《清華簡》中，該符號的形體很不規範，往往寫成形似小點的形狀。其位置一般出現在文字的下方偏右。不同書寫風格的文字中，小短横號與文字的距離也不盡一致。這主要受書寫者主觀隨意性的影響。文字稠密的簡中，小短横號與文字的間距一般較密。

小短横號在《清華簡》中起句讀作用。按其出現的位置可分為兩種情況。

1. 用在句中表停頓

(1) 史乃册祝告先王曰：“爾元孫發也_，遘害虐疾，爾毋乃有備子之責在上_，惟爾元孫發也_，不若旦也_，是佞若巧能，多才_多藝_，能事鬼神。（《清華（壹）·金縢》2–4）

(2) 周公乃納其所為功，自以代王之說_ 于金縢之匱_

乃命執事人曰："勿敢言"▁（《清華（壹）·金縢》5–6）

2. 用在句末表絕止

（1）武王八年征伐耆，大戡之。還，乃飲至于文太室▁。（《清華（壹）·耆夜》1）

（2）恒爭于富，莫治庶難，莫恤邦之不寧▁。芮良夫乃作毖再終▁，曰：敬之哉，君子！天猷威矣▁。（《清華（叁）·芮良夫毖》1–2）

例（2）"芮良夫乃作毖再終"之後的小短橫是表停頓的句讀號。其餘皆表絕止。

（三）■

墨丁號。凡223見。該符號在形體上容易與小短橫號混淆。所不同的是，墨丁號與小短橫號相比顯得棱角分明，且較為規範。或作"■"。與文字的相對位置也與小短橫號相當。一般出現在一字的下方偏右。有的墨丁號在左上角略帶鈎形。但與鈎識符號還是有所不同。這應該是由於書寫者特殊的書寫習慣所致。

墨丁號在《清華簡》中起句讀的作用。例如：

（1）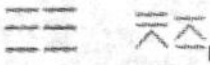■ 六虛，亓病哭死■（《清華（肆）·筮法》1–2）

（2）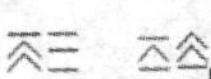■ 五虛同一虛，死■（《清華（肆）·筮法》3–4）

以上兩例分為卦畫和文字兩部分。卦畫之下出現了墨丁號，相應的文字之後也出現了墨丁號。此處的墨丁號起句末絕止的作用。不帶卦畫的，例如：

（3）秋：兑大吉。艮羅少吉▃。裳大凶▃。［徠巽少凶。］冬：艮羅大吉▃。兑少吉▃。徠巽大凶▃。［裳少凶。］（《清華（肆）·筮法》38）

（4）坤祟：門行，乇乃母▃，八乃奴，以死▃，乃西祭▃。四乃縊者。（《清華（肆）·筮法》44）

（5）巽祟：字殤。五八乃巫。九柆茲子。四非狂乃縊者。（《清華（肆）·筮法》50）

（6）凡肴象▃，八為風▃，為水▃，為言▃，為飛鳥▃，為瘇脹▃，為魚▃，為權迵▃，在上為醪▃，下為汰。（《清華（肆）·筮法》52–53）

以上各例皆出現於句中，其作用為表短暫的停頓。

（四）∠

鉤識號。在清華簡中，鉤識號的形體大小比一。其形體也不盡統一。有的比較修長，有的較為短絀。例如 （《清華（叁）·赤鳩之集汤之屋》15），以及 （《清華（壹）·祭公》9）。

鉤識號在《清華簡》中凡95見。其作用主要有兩種。

1. 句讀

鉤識號作為句讀號，在《清華簡》中是很常見的。其出現位置一般在句中。例如：

（1）王若曰："祖祭公，哀余小子∠，昧其在位∠，旻天疾威，余多時叚懲∠。我聞祖不豫有遲∠，余惟時來見，不淑疾甚∠，余畏天之作威∠。公其告我懿德。”（《清華（壹）·祭公》1–2）

(2) 公懋拜手稽首，曰：“允哉∠!”乃召畢桓∠、井利、毛班∠，曰：“三公，謀父朕疾惟不瘳∠，敢告天子∠，皇天改大邦殷之命，惟周文王受之∠，惟武王大敗之∠，成厥功∠。惟天奠我∠文王之志∠，董之用威∠，亦尚寬壯厥心∠，康受亦式用休∠，亦美懋綏心∠，敬恭之。惟文武∠中大命∠，戡厥敵∠。”（《清華（壹）·祭公》9–12）

(3) 文王起師伐息，息侯求救於蔡，蔡哀侯率師以救息，文王敗之於莘，獲哀侯以歸∠。文王爲客於息……（《清華（貳）·繫年》25–26）

(4) 越公入饗於魯，魯侯御，齊侯參乘以入∠。晉魏文侯斯從晉師，晉師大敗齊師，齊師北，晉師逐之，入至汧水，齊人且有陳［鹿巠］子牛之禍，齊與晉成，齊侯盟於晉軍。（《清華（貳）·繫年》121–123）

前兩例中的鈎識號主要表示停頓，大多出現在句中。後兩例主要表絕止，一般出現在句末。

2. 分章

鈎識號作為分章號，主要集中在《繫年》中。例如：

(1) 王若曰：“祖祭公，哀余小子，昧其在位，旻天疾威，余多時叚懲。我聞祖不豫有遲，余惟時來見，不淑疾甚，余畏天之作威。公其告我懿德。”∠（《清華（壹）·祭公》1–2）

（2）昔周武王監觀商王之不恭上帝，禋祀不寅，乃作帝籍，以登祀上帝天神，名之曰千畝，以克反商邑，敷政天下。至于厲王，厲王大瘧于周，卿李（士）、諸正、萬民弗忍于厥心，乃歸厲王于彘，共伯和立。十又四年，厲王生宣王，宣王即位，共伯和歸于宋（宗）。宣王是始棄帝籍田，立卅又九年，戎乃大敗周師于千畝。∠（《清華（貳）·繫年》第一章）

（3）楚聲桓王立四年，宋公田、鄭伯駘皆朝于楚……丙子，齊師至嵒，遂還。∠（《清華（貳）·繫年》第二十三章）

3. 分篇

鈎識號作為分篇符號，出現在一篇之末。約佔一個字的位置。例如：

（1）惟尹自夏徂亳，逯至在湯。湯曰……自西翦西邑，戡其有夏。夏料民，入于水，曰戰。帝曰："一勿遺。"∠（《清華（壹）·尹至》5）

（2）武王既克殷三年，王不豫有遲……一四 周武王有疾，周公所自以代王之志。∠（《清華（壹）·金縢》14）

（3）惟殷王賜說于天，用為失中使人。……說來自從，事于殷，王用命說為公。∠（《清華（叁）·說命上》1–7）

（4）說來自傅巖，在殷。武丁朝于門，入在宗……余告汝若是，志之于乃心。∠（《清華（叁）·說命中》1–7）

（5）……員，經德配天，余罔有斁言……王曰："說，獨乃心，敷之于朕政，欲汝其有友，勑朕命哉！"∠（《清華（叁）·說命下》1–10）

前兩例鈎識號皆位於篇末，各篇較為獨立。鈎識號在這裡為篇末結束符。(3)（4）（5）皆屬於《説命》，每一篇最後一支簡背面都有篇題《傅説之命》。上篇有七支簡，中篇也有七支簡，下篇有十支簡。通過對照竹簡背面的偏題，我們將這三個鈎識號判定為分篇號，應當是無誤的。

（五）▬

粗墨道號。主要起分章作用。《清華簡》中凡20見。位於句末，横向佔一個字的寬度。粗墨道號在《清華簡》中集中分佈在《良臣》這一篇。例如：

黃帝之師：女和、章人、保侗。▬

堯之相舜，舜有禹，禹有伯夷，有益，有史皇，有咎陶。▬

湯有伊尹，有伊陟，有臣扈。▬

武丁有傅説，有保衡。▬

文王有閎夭，有泰顛，有散宜生，有南宮适，有南宮夭，有芮伯，有伯适，有師尚父，有虢叔。▬

武王有君奭，有君陳，有君牙，有周公旦，有邵公，遂佐成王。▬

晉文公有子犯，有子餘，有咎犯，後有叔向。▬

楚成王有令尹子文。▬

楚昭王有令尹子西，有司馬子期，有葉公子高。▬

齊桓公有管夷吾，有賓須亡，有隰朋。▬

吳王光有伍之胥。▬

越王句踐有大同，有范蠡。▬

秦穆公有羖大夫。▬

宋有左師。▬

魯哀公有季孫，有孔丘。▬

鄭桓公與周之遺老史全、宦仲、虢叔、杜伯後出邦。▬

鄭定公之相有子皮，有子產，有子大叔。▬

子產之師：王子伯願、肥仲、杜逝、渾罕。▬

子產之輔：子羽、子剌、蔑明、卑登、富之便、王子全。▬

楚共王有伯州犁，以為大宰。

以上用例中，20 個粗墨道號將《良臣》分為 20 個小的章句。可知，粗墨道號起分章的作用是比較明確的。

餘論

綜上所述《清華簡》中的標點符號按形體可分為雙短横號、小短横號、墨丁號、鈎識號、粗墨道號五種。按作用則可以分為重文號、合文號、句讀號、分篇號、分章號五種。以下是從形體的角度對《清華簡》中標點符號的統計：

《清華簡》標點符號統計表

篇名	雙短横號		小短横號	墨丁號	鈎識號	粗墨道號	合計
	重文號	合文號					
尹至	2	1	5	0	1	0	9

篇名	雙短橫號		小短橫號	墨丁號	鈎識號	粗墨道號	合計
	重文號	合文號					
尹誥	2	0	0	0	1	0	3
程寤	9	4	1	0	1	0	15
保訓	3	4	0	0	0	0	7
耆夜	14	2	27	0	0	0	43
金縢	1	2	28	0	1	0	32
皇門	5	1	0	0	1	0	7
祭公	1	10	16	0	60	0	87
楚居	31	1	0	0	1	0	33
繫年	75	41	1	0	26	0	143
說命上	5	1	8	0	1	0	15
說命中	0	0	10	0	1	0	11
說命下	1	0	12	0	1	0	14
周公之琴舞	9	0	25	0	0	0	34
芮良夫毖	2	0	34	0	0	0	36
良臣	2	1	69	0	0	19	91
祝辭	4	0	0	0	0	1	5
赤鵠之集湯之屋	4	0	13	0	1	0	18
筮法	5	4	0	223	0	0	232
別卦	0	10	0	0	0	0	10
算表	0	133	0	0	0	0	133
總計	175	215	249	223	96	20	978

由上表可以看出，《清華簡》中重文號與合文號皆以雙短横號表示。合文號分佈較為不均，有些篇目沒有合文號，而有些篇目用例卻很多。例如《算表》，數字合文佔 133 例，約為所有合文號總數的 62%。重文號也有類似的情況，如《繫年》中就出現了 75 例，約佔所有重文號數量的 43%。

小短横號在數量上佔了相當的優勢。在《清華簡》中小短横號標示句讀。出現了 249 例。在五種標點符號中使用比重是最大的，約佔《清華簡》標點符號總數的 25%。

墨丁號在《清華簡》中的分佈不均勻。皆集中在《筮法》一篇文獻中。凡 223 見，約佔《清華簡》標點符號總數的 23%。這個比例與小短横號的出現比例相當。這也反過來說明了《筮法》的特殊意義。其性質與其他文獻確實有差異。在楚簡中，墨丁號一般與小短横號結合起來使用，表達一定的層次關係，但在《清華簡》中沒有這種情況。這也在一定程度上說明了《清華簡》文獻內容的層次關係並不複雜。也說明了書手抄寫的規範程度是比較高的。

鈎識號在《清華簡》中的分佈亦不均勻。大多數篇目都有用例，其中，以《祭公》《繫年》出現用例尤多。這兩篇文獻中，鈎識號凡 86 例，約佔所有鈎識號總數的 91%。《清華簡》中，通常與小短横號結合起來使用的是鈎識號。除了《祭公》《繫年》以外，不少文獻中都有 1 例鈎識號。這與文章的層次關係，以及小短横號與鈎識號的分工是有一定參考價值的。

粗墨道號有 20 例，主要集中在《良臣》這篇文獻中。另有

1例出現在《祝辭》中。這在一定程度上説明了《良臣》的語言層次結構是比較完整的。其段與段之間的層次關係類似郭店簡《緇衣》的情況，只不過這裡不用墨丁號，而是用長方塊號將語句分開。

帛書故事《西人舉兵侵魏野》與傳世文獻相關記載比較

張文玥*

摘　要： 本文對更具文獻真實性的出土帛書文獻所記歷史故事《西人舉兵侵魏野》一則進行分析，將其與傳世文獻中與之相同或相似的故事進行文字上和内容上的量化比較，從而以不同的文本爲基礎對這一故事的流傳進行了梳理。

關鍵詞： 帛書；傳世文獻；段干木；魏文侯

馬王堆漢墓帛書《易傳》之《繆和》篇，為傳世文獻所未載之古佚書，内容頗為完備，共有二十五个章节。前十二章為繆和、吕昌、吳孟等幾位弟子“問于先生”的師生對話，中間十三到十八章為以“子曰”開頭的論述，十九章到二十四章這 6 章則分別記敘了一則歷史故事以解說《易卦》，最後第二十五

* 張文玥，西南大學漢語言文獻研究所 碩士研究生 重慶 400715。本文為中央高校基本科研項目（SWU1609196）的階段性成果。

章援引了幾則卦爻辭作結。較之同為古佚書的帛書《易傳》其餘諸篇，《繆和》引用了歷史故事來解釋、證明《周易》，風格獨具一格，"可見'以史證易'的方法由來已久"[①]。其中援引的六則歷史故事，分別為《湯出巡狩》《西人舉兵侵魏野》《吳王夫差攻荊》《越王勾踐既已克吳》《荊莊王欲伐陳》《趙簡子欲伐衛》[②]，這些故事在傳世文獻裏也可看到記載。

其中《西人舉兵侵魏野》為《繆和》歷史故事六則中傳世最廣知名最高者，見於《帛書》之《繆和》篇59上–62上，主要講述了西人侵魏，因魏侯禮遇段干木而還兵的故事。現在我們以更具文獻真實性的帛書歷史故事為基礎[③]，將傳世文獻中所錄相同或相似的歷史故事與之比較。偏漏不當之處，敬請方家指正。

以下為故事原文：

西人舉兵侵魏野，而【□□□】。魏文【疾聞】之，恐，而遂出見諸大夫。過段干木之閭而軾。其僕李義曰："義聞之，諸疾先財而後身，今吾君先身而後財，何也?"文疾曰："段干木富乎德，我富於財；段干木富乎【義】，我富乎地。彼德而不吾

---

① 趙曉陽：《帛書〈繆和〉篇新釋與思想研究》，曲阜師範大學碩士學位論文，2014：29。其中"以史證易"當作"以史證《易》"。

② 它們的命名皆由筆者截取每個歷史故事首句而成。

③ 我們所引的帛書釋文皆本裘錫圭主編之《長沙馬王堆漢墓簡帛集成》（下文稱作《帛書》），中華書局，2014年6月第一版。為閱讀方便，通假字、異體字等徑改通行字。

爲者也，義而不吾取者也。彼擇取而不我與者也，我求而弗得者也。若何我過而弗軾也?”西人聞之，曰：“我將伐无道也，今也文矦尊賢，【□□】此?”遂還兵。【□】□□【□□□□□□□□】何而要之局，而冠之獄獄，吾君敬汝而西人告不足。《易卦》其義曰：“有孚惠心，勿問，元吉。有孚惠我德”也。

西人即秦人、秦兵。此事在傳世文獻中最早見於《呂氏春秋》(下文稱作《呂》)之《期賢》篇：

魏文侯過段干木之閭而軾之，其僕曰：“君胡為軾?”曰：“此非段干木之閭歟? 段干木蓋賢者也，吾安敢不軾? 且吾聞段干木未嘗肯以己易寡人也，吾安敢驕之? 段干木光乎德，寡人光乎地；段干木富乎義，寡人富乎財。”其僕曰：“然則君何不相之?”於是君請相之，段干木不肯受。則君乃致祿百萬，而時往館之。於是國人皆喜，相與誦之曰：“吾君好正，段干木之敬；吾君好忠，段干木之隆。”居無幾何，秦興兵欲攻魏，司馬唐諫秦君曰：“段干木賢者也，而魏禮之，天下莫不聞，無乃不可加兵乎!”秦君以為然，乃按兵輟不敢攻之。魏文侯可謂善用兵矣。嘗聞君子之用兵，莫見其形，其功已成，其此之謂也。

《呂氏春秋》的文字量明顯比帛書大。帛書除去說《易》部分，現存157字；《呂氏春秋》除去結尾“嘗聞”等20字的議論部分，現存206字。除了文字數量上的差異，兩者文字相似度差異也頗大，相似率為29.82%。由此可見兩者情節內容上也有頗多不同。

後世其餘諸文獻所錄與帛書差異較大，與《呂》更為相近。對這一故事記敘比較詳細的有《淮南子》卷十九《修務》、《新序·雜事第五》，以下為二書所敘文字：

段干木辭祿而處家，魏文侯過其閭而軾之。其僕曰："君何為軾？"文侯曰："段干木在，是以軾。"其僕曰："段干木布衣之士，君軾其閭，不已甚乎？"文侯曰："段干木不趍勢利，懷君子之道，隱處窮巷，聲施千里，寡人敢勿軾乎？段干木光於德，寡人光於勢；段干木富於義，寡人富於財。勢不若德尊，財不若義高。干木雖以己易寡人不為，吾日悠悠慙於影，子何以輕之哉？"其後秦將起兵伐魏，司馬庾諫曰："段干木賢者，其君禮之，天下莫不知，諸侯莫不聞。舉兵伐之，無乃妨於義乎！"於是秦乃偃兵，輟不攻魏。①

魏文侯過段干木之閭而軾，其僕曰："君何爲軾？"曰："此非段干木之閭乎？段干木蓋賢者也，吾安敢不軾？且吾聞段干木未嘗肯以己易寡人也，吾安敢高之？段干木光乎德，寡人光乎地；段干木富乎義，寡人富乎財。地不如德，財不如義。寡人當事之者也。"遂致祿百萬，而時往問之，國人皆喜，相與誦之曰："吾君好正，段干木之敬；吾思好忠，段干木之隆。"居無幾何，秦興兵欲攻魏，司馬唐且諫秦君曰："段干木，賢者也，而魏禮之，天下莫不聞，無乃不可加兵乎？"秦君以爲然，乃案兵而輟，不攻魏。文侯可謂善用兵矣。夫君子善用兵也，

① 何寧撰：《淮南子集釋》，中華書局，1998：1325-1326。

不見其形，而攻已成，其此之謂也。[1]

以上三種傳世文獻故事情節大略一致，《新序》與《呂》有較高的相似度，達 87.26%。兩者都含有國人稱頌的描寫，且《新序》結尾的議論與《呂》如出一轍。而《淮南子》則更加簡略，重在描述魏文侯的話語，故事在敘述秦國偃兵後戛然而止，未加評議，與《呂》的相似度較低，僅為 37.06%。《淮南子》中諫秦君者為司馬庾，《呂》《新序》皆作司馬唐，"庾""唐"字形近似，可見《新序》故事當本自《呂》無疑，但《淮南子》與《呂》也許也存在着一定的聯繫。

《史記》所記敘稍簡，但張守節正義細引了皇甫謐的《高士傳》，也較為全面地敘述了故事全貌，並增加了"魏文侯欲見，造其門，干木踰牆避之"這一細節：

《史記》卷四十四《魏世家》：文侯受子夏經藝，客段干木，過其閭未嘗不軾也。[正義] 曰：……《高士傳》云："木，晉人也，守道不仕。魏文侯欲見，造其門，干木踰牆避之。文侯以客禮待之，出過其閭而軾。其僕曰：'君何軾？'曰：'段干木賢者也，不趣勢利，懷君子之道，隱處窮巷，聲馳千里，吾安得勿軾！干木先乎德，寡人先乎勢。干木富乎義，寡人富乎財。勢不若德貴，財不若義高。'又請為相，不肯。後卑己固請見，與語，文侯立倦不敢息。"秦嘗欲伐魏，或曰："魏君賢人是禮，

① 盧元駿：《新序今註今譯》，臺灣商務印書館，1977 年二版，頁 163–164。

國人稱仁，上下和合，未可圖也。”文侯由此得譽於諸侯。①

帛書與傳世諸文獻的記載最為類似處為魏文侯過段干木之宅而軾這一舉態，和魏文侯陳說對段干木為何如此禮敬這一段話。“段干木富乎德，我富於財；段干木富乎義，我富乎地”之語大略相同，其中“地”即代表了“財”、“勢”，而帛書中魏文侯論述說的“彼德而不吾爲者也，義而不吾取者也。彼擇取而不我與者也，我求而弗得者也”，在傳世文獻中直接簡單表述為“勢不若德尊，財不若義高”，這種直接的比較和評論，更加簡潔明確。

除了魏文侯過段干木之宅而軾這一情節一致外，其餘細節多不同。比如關於故事起因，帛書為魏侯在秦人舉兵侵魏的困境中，出見諸大夫的路上過段干木而軾，而《呂》等傳世文獻中的路過未錄原因；關於結局，雖然最後兩故事結局相似，都為秦國罷兵，但《呂》對秦國方面的描寫較之帛書更為詳細。帛書與傳世文獻相比，一者發生了“秦攻魏”這一事實，一者並未發生戰爭僅是“欲攻”，而且《呂》中的秦欲攻魏晚於“魏文侯过段干木之闾而轼之”。

此外，傳世文獻比帛書簡略了“其僕”的姓名和言辭，增加了“其僕”勸動魏文侯“請相之”而段干木淡薄利祿隱避不仕等情節，關於段干木的描述更加豐富，辭官辭祿“未嘗肯以己易人”的高潔形象更加鮮明。細究之，在帛書中，魏文侯過

① 《史記》（第六冊），中華書局，1982年第2版，頁1839。

段干木之宅而軾是秦國罷兵的直接原因，而在《呂》中，此原因則顯得相對間接，魏文侯過段干木之宅而軾是延請段干木出仕的動因，段干木不仕依然得到禮遇，這一串事情彰顯了魏侯之賢——其賢名誦於國人之口（從這一側面也說明了魏侯得到擁戴，魏國上下和合）、聞於天下諸侯，以至秦國有所顧忌，不敢加兵。

上述《呂》《淮南子》等書為傳世文獻中記載最為詳細者，還有不少如《後漢書》《論衡校釋》《藝文類聚》等簡而略之、一筆帶過的。這個故事體現了魏文侯的禮賢下士，襯托了段干木的賢德高潔，最終產生了"不戰而屈秦兵"的驚喜結果。幾乎延伸成了典故，應用於詩作、賦文，演義小說也會引用和加工：

《風俗通義·十反》：墨翟摩頂以放踵，楊朱一毛而不為；干木息偃以藩魏，包胥重繭而存郢。

《古意二首·擬陳拾遺》：屈子生楚國，七雄知其材。介潔世不容，跡合藏蒿萊。道廢固命也，瓢飲亦賢哉！何事葬江水，空使後人哀。魏禮段干木，秦王乃止戈。小國有其人，大國奈之何。賢哲信為美，兵甲豈云多！君子戰必勝，斯言聞孟軻。

《鹽鐵論》卷四：魏文侯軾段干木之閭，非以其有勢也；晉文公見韓慶，下車而趨，非以其多財，以其富於仁，充於德也。

《文選·左思〈魏都賦〉》：閒居隘巷，室邇心遐。富仁寵義，職競弗羅。千乘為之軾廬，諸侯為之止戈。則干木之德自解紛也。

描寫了魏文侯過段干木之宅而軾這一故事的《西人舉兵侵魏野》為《繆和》歷史故事六則中傳世最廣知名最高者。為何這個故事流傳如此廣泛，幾成典故？究其原因，大概因為這個故事凝聚了古代士人乃至平民，對君王與臣子理想形象和君王與臣子之間理想關係的想象。白話小説的藝術性加工虛構更表現了這一點，以下為《東周列國志》第八十五回《樂羊子怒餟中山羹　西門豹喬送河伯婦》對這一故事的描述：

卻說三晉之中，惟魏文侯斯最賢，能虛心下士。時孔子高弟卜商，字子夏，教授於西河，文侯從之受經。魏成薦田子方之賢，文侯與之為友。成又言："西河人段干木，有德行，隱居不仕。"文侯即命駕車往見。干木聞車駕至門，乃窬後垣而避之。文侯歎曰："高士也！"遂留西河一月，日日造門請見，將近其廬，即憑軾起立，不敢倨坐。干木知其誠，不得已而見之。文侯以安車載歸，與田子方同為主賓。四方賢士，聞風來歸。又有李克、翟璜、田文、任座一班謀士，濟濟在朝，當時人才之盛，無出魏右。秦人屢次欲加兵於魏，畏其多賢，為之寢兵。

在演義小説裹，魏文侯禮賢下士的形象得到進一步描述，不但對段干木恭敬禮遇，對一批賢士都委以重任，使之"濟濟在朝"。段干木高潔賢能的形象也進一步得到渲染，不但淡泊功名隱居，連君王送上門來都要避開，最後感誠而與魏文侯"安車載歸"。

如果説《聊齋誌異》諸故事多表達了普通讀書人對佳人在側、君王重用的幻想，《西人舉兵侵魏野》的故事在傳世文獻中不斷被選擇被加工改編，則表達了人們對君王禮賢下士、臣子高潔恬淡，和君王與臣子相互知遇保障國泰民安的君臣關係的美好理想。正是對於這種理想的憧憬，使得“干木息偃以藩魏”的故事如此深入人心、流傳廣泛。

《簡帛語言文字研究》徵稿啓事

本刊是專門刊發簡帛語言研究和簡帛文字研究論文的學術刊物，尊重學術自由，鼓勵學術爭鳴，歡迎學界來稿。來稿請注意：

1. 繁體行文，請一定注意規範使用繁體。正文必須是繁宋（繁體宋體），不能簡單地將簡體轉換成 PMingLiu，應再轉一次（即轉宋體）。

2. 來稿請提交 Word 和 PDF 電子本各一份，電子本請以郵件形式發至編輯部郵箱：jbyywzyj@ 163. com。

3. 當頁注腳，每頁重新編號，注碼形式爲：①②③……

4. 標題下一行是作者名，作者簡介於文章第一頁作者名後以“*”注腳給出，如：

* 張顯成，西南大學漢語言文獻研究所 教授　重慶 400715。

另，如本文的寫作得到他人或某項科研基金的資助，請於注釋之前、作者簡介之後注明。如：

本文的寫作得到國家社科項目資助，項目編號：……

5. 正文前列“摘要”與“關鍵詞”。“摘要”字數以二三百字爲宜，“關鍵詞”三至五個爲宜。

6. 引文出處標注格式：

A. 期刊類：作者、文章名、期刊名、期數。如：

劉曉南《先秦語氣詞的歷史多義現象》，《古漢語研究》1991 年第 3 期。

B. 集刊類：作者、文章名、集刊名、輯數、出版社、出版時間。如：

李銳《讀簡散劄》，《簡帛語言文字研究》第三輯，巴蜀書社，2008 年。

C. 專著類：作者、專著名、出版社、出版時間、頁碼。如：

張顯成《簡帛文獻學通論》，中華書局，2004 年，頁 6。

陳松長《香港中文大學文物館藏簡牘》，香港中文大學文物館，2001 年，頁 2—6。

馬承源主編《上海博物館藏戰國楚竹書（一）》，上海古籍出版社，2001 年，頁 230。

太田辰夫著，蔣紹愚、徐昌華譯《中國語歷史文法》（修訂譯本），北京大學出版社，2003 年，頁 375。

D. 古籍類：有篇名者注明篇名，無篇名者注明卷名，引用字書注明部名，引用韻書注明韻名，書名和篇名（或部名、韻名）之間用中圓點“·”隔開，如：

《左傳·昭公十八年》

《周禮·秋官·冥氏》

《爾雅·釋詁》

《說文·木部》

《廣韻·東韻》

［宋］張齊賢《洛陽縉紳舊聞記》卷五，上海人民出版社影印文淵閣《四庫全書》本，1986年。

《資治通鑒》卷一八五《唐紀一》“貞觀元年”條，中華書局標點本，1956年。

E. 外文類：

T'ung-tsu Ch'ü, *Han Social Structure*, Seattle and London: Univesity of Washington Press. 1972, P. 121.

Lawrence Stone, “*The Revival of Narrative: Reflections on a New old History*”, Past and Present, 85 November 1979.

F. 引用電子文獻的標注：

張俊民《居延漢簡冊書復原研究緣起》，簡帛研究網 http://www.jianbo.org/showarticle.asp?articleid=1243, 2006-09-21.

G. 引用出土文獻的標注：

引用甲骨文標文獻名及片號，如：《甲骨文合集》10408正（或《合集》10408正）。

引用簡帛標文獻名及簡號或行弟號，如：《居延新簡》EPT1 · 1 · 1；《武威漢代醫簡》8-9。

敦煌卷子標卷號，如：P3847（或：伯 3847）；S2659（或：斯 2659）。

7. 文中若有圖片文字，請一定要清晰，符合出版標準，不能簡單地將圖版上的照片文字複製插入文中，應將所用圖片文字進行處理（或摹寫，或用電腦脱去底色），除拓片文字外，不能有底色。若有文字以外的圖片，也同樣一定要清晰。

如右圖左右兩欄的圖片文字，1 欄的不清晰，不符合出版要求；2 欄爲清晰者，符合出版要求。

8. 文中出現的古文字形及造字請做成圖片格式（不要使用編碼方式造字）。

9. 文中的圖片、表格如果超過一個，請分别用"圖 1"、"圖 2"……及"表 1"、"表 2"……的形式標明圖片、表格的序號，在圖片、表格後注明資料來源。

10. 來稿請於稿末注明作者真實姓名、通訊地址、郵政編碼、電子信箱、電話，以便聯繫。

圖書在版編目（CIP）數據

簡帛語言文字研究. 第八輯 / 張顯成，胡波主編.
—成都：巴蜀書社，2016.8
ISBN 978-7-5531-0727-1

Ⅰ.①簡… Ⅱ.①張… ②胡… Ⅲ.①簡（考古）－古文字－中國－文集 ②帛書－古文字－中國－文集
Ⅳ.①K877.54-53 ②K877.94-53

中國版本圖書館 CIP 數據核字（2016）第 191195 號

簡帛語言文字研究（第八輯） 張顯成 胡 波 主 編

責任編輯 謝藝波
出 版 四川出版集團巴蜀書社
成都市槐树街 2 號 郵編 610031
總編室電話：(028)86259397
網 址 www.bsbook.com
發 行 巴蜀書社
發行科電話：(028)86259422 86259423
經 銷 新華書店
印 刷 成都蜀通印務有限責任公司
版 次 2016 年 8 月第 1 版
印 次 2016 年 8 月第 1 次印刷
成品尺寸 203mm×140mm
印 張 9.25
字 數 250 千
書 號 ISBN 978-7-5531-0727-1
定 價 26.00 圓
